本书系2016—2018年安徽省高等教育振兴计划高校思想政治教育综合改革计划弘扬核心价值观名师工作室项目（项目名称：大学生就业创业法律工作室，项目编号：Szzgjh1-2-2018-28）以及安徽省质量工程教学研究重大项目（项目名称：中国职业教育多层次耦合办学模式研究——基于职业教育“面向社会，面向人人”，项目编号：2016jyxm0221）的研究成果

中国主体功能区规划之法律问题研究

——软硬法混合治理视野

吕中国 著

合肥工业大学出版社

前　言

我国区域发展战略先后经历了区域均衡发展战略、区域非均衡发展战略、区域非均衡协调发展战略和统筹区域协调发展战略的演变。统筹区域协调发展战略是新阶段我国区域发展的最新战略。

主体功能区战略的提出是为了适应我国当前国土空间及开发的特点。对主体功能区进行科学规划、制定科学政策、实施科学管理，既是区域发展对科学发展观的响应，又是统筹区域协调发展战略在空间上的落实。作为我国区域发展的顶层设计，主体功能区规划的定位在于：国土空间开发的战略性、基础性和约束性规划。

主体功能区规划需要相关制度的有力保证，必须在制度层面上进行政策引导、法制保障、措施落实，增强制度供给、建立健全规划实施机制，同时加强对规划实施情况的监督检查，方能确保主体功能区规划落到实处。然而，我国相应的制度供给严重不足，主体功能区规划亟待法治化。西方区域规划及区域管理方面获得的成功经验，对于主体功能区规划实践有较强的示范效应，其中加强法制建设是区域规划及区域管理共同的经验。

因此，法学特别是经济法学界理应对主体功能区规划做出回应，同时，软法理论以及“经济软法”可作为研究主体功能区规划、主体功能区规划实践的重要理论工具，此方面的研究反过来会进一步促进软法理论和经济法学理论的发展。

就主体功能区规划的法律属性而言，首先，公共政策属性是主体功能区规划的本质属性，其虽不具有法律形式，但具有可问责性，各主体功能区规划也“具有法律效力”，因此，作为公共政策的主体功能区规划属于软法的范畴。作为软法，主体功能区规划具备以下四个软法性特征：创制方式与制度安排富有弹性；创制和实施具有更高程度的民主协商性；实施方式的非国家强制性；效力实现的非司法中心主义。其次，主体功能区规划与经济法具备高度的契合，其调整对象是经济法调整对象的细化，其价值目标、核心范畴与经济法理念是高度契合的，主体功能区规划实践是克服“两种失灵”的双重困境的实践之一，而经济法恰恰始于“市场失灵”与“政府失灵”的克服。进一步来看，主体功能区规划本身可以说是一部中国特色的宏观调控法律，其创制与实施是中国经济法走上公共治理之路的新实践。

就主体功能区规划的软法机制而言，我国传统的硬法的缺失将软法机制推至制度的前沿，软法机制成为当前破解主体功能区规划难题的重要制度设计。可以说，软法之治顺应了主体功能区规划的需求，有助于差别化的区域管理的实现；软法机制不但能对硬法机制进行必要的补充，在某些制度安排上也能独当一面。四个软法机制构成了完备的软法机制体系：规划指标确立机制奠定基础；民主协商机制提供保障；利益补偿机制建立平衡；绩效考核机制激发动力。

就主体功能区规划的硬法保障而言，其必要性来源于软法机制的缺陷、国外空间规划与特定区域管理对“硬法”的倚重以及我国当前硬法保障的缺位。结合我国实际，可以从宪法保障、基本法保障、特别法保障等几个方面构建较为完备的法律规范和制度基础。

由于单纯的软法机制和硬法机制都不能满足主体功能区规划的法制需要，又由于公共治理视角的实践需求以及从制度变迁视角的理论需求，我们可以运用硬法、软法混合理论（Theory of hybridity），构建主体功能区规划混合法治理模式，具体制度构建模式为：模式一是软法奠定基础，硬法动态跟进；模式二是软硬法并举，各司其职。后者为主体功能区规划混合法治理模式的最主要表现。

为最终实现主体功能区规划法治化的目标，首先要明确政府的角色定位，软硬法分工与合作，限制与控制政府公权力的滥用与扩张；其次要结合我国当前的政治体制及软硬法各自的优缺点，采取体制内外相结合的方式对主体功能区规划进行监督；再次，如果主体功能区规划创制与实施主体特别是政府机关超越行为边界，违规甚至违法作为或不行为，就要启动法律责任追究机制，法律责任形式分为肯定式与否定式；最后，关于政府行为对公民已经造成的权益损害，对应于软、硬法，可从非诉讼程序与诉讼程序这对“二元结构”入手，进行事后的法律救济。

目　录

第一章　导　　论

一、选题背景与意义

（一）现实背景

1. 国家区域发展总体战略的重大转变

（1）新阶段统筹区域协调发展战略的提出与实施

中华人民共和国成立以来，根据国内外政治、经济环境的变化以及党和政府的不同阶段的“发展观”，我国区域发展战略先后经历了区域均衡发展战略、区域非均衡发展战略、区域非均衡协调发展战略和统筹区域协调发展战略的演变。

区域均衡发展战略（1949—1978）是在“冷战”国际背景、高度集中的计划经济体制和经济短缺的国内背景下的空间发展战略，其以重视东北地区、西部地区以及进行不同空间尺度的农业区划为基本特征；区域非均衡发展战略（1979—1992）是在和平与发展成为世界主流、经济体制开始从计划经济向市场经济转型的国内形势下的空间发展战略，其以积极推进沿海开发开放以及进行不同空间尺度的国土规划和区域规划为基本特征；区域非均衡协调发展战略（1993—2002）是在东欧剧变和苏联解体的国际背景、中西部发展差距不断拉大的国内背景下的空间发展战略，其以实施西部大开发、积极推进新产业区建设为基本特征；统筹区域协调发展战略（2003 年至今）是在和平、发展和合作成为世界主流的国际背景，较为成熟的社会主义市场经济体制的制度背景以及贯彻落实科学发展观和构建和谐社会的新形势下的空间发展战略，其以促进东部率先、中部崛起、西部开发和东北振兴以及建设主体功能区为基本特征①。可见，统筹区域协调发展战略是新阶段下我国区域发展的最新战略。

（2）区域协调发展的新举措——主体功能区战略的提出与实施

如上所述，为落实新阶段统筹区域协调发展战略，我国政府先后实施了一系列的战略，其中，对主体功能区进行科学规划、制定科学政策、实施科学管理，既是区域发展对科学发展观的响应，也是统筹区域协调发展战略在空间上的落实②。作为我国区域发展的顶层设计，主体功能区规划的定位在于：国土空间开发的战略性、基础性和约束性规划。

《全国主体功能区规划》前后历经八年方能出台，充分反映出此规划的重要性及创制、实施的难度。

2002 年，《关于规划体制改革若干问题的意见》最初提出“主体功能区”概念；2005 年，《中共中央关于制定国民经济和社会发展第十一个五年规划的建议》以及 2006 年《中华人民共和国国民经济和社会发展第十一个五年（2006—2010）规划纲要》正式提出“主体功能区”概念；2007 年 7 月，国务院发布《国务院关于编制全国主体功能区规划的意见》（国发〔2007〕21 号文），明确了规划定位、规划原则、主要任务以及制定两级规划（国家和省级），划分 4 类主体功能区等重大问题，同时提出了七大类政策保障体系（财政政策、投资政策、产业政策、土地政策、人口管理政策、环境保护政策、绩效评价和政绩考核）；2007 年 10 月，党的十七大报告把“主体功能区布局基本形成”作为实现全面建设小康社会宏伟目标的一项新要求；2010 年 10

① 朱传耿，马晓冬. 关于主体功能区建设的若干理论问题［J］. 现代经济探讨，2007（9）：46-49.

② 朱传耿，马晓冬. 关于主体功能区建设的若干理论问题［J］. 现代经济探讨，2007（9）：46-49.

月，党的十七届五中全会通过的“十二五”规划建议提出“实施主体功能区战略”；2010 年 12 月 21 日，历时八年的《全国主体功能区规划》发布，该规划是推进形成主体功能区的基本依据，是科学开发国土空间的行动纲领和远景蓝图；2011 年，全国“两会”上通过的国家“十二五”规划纲要，明确了今后五年推进主体功能区建设的主要任务，至此，主体功能区正式上升至战略层次，今后的区域政策具体目标与政策工具的选择，都将以此为依据进行系统性的设计；2012 年，党的十八大报告提出加快实施主体功能区战略，优化国土空间开发格局，并将“主体功能区布局基本形成”作为全面建成小康社会的重要目标。

主体功能区战略的提出不是偶然的，全面落实主体功能区战略是促进区域协调发展的战略举措：做好主体功能区规划工作是加快转变经济发展方式的必然要求；做好主体功能区规划工作是促进公共服务均等化的有效途径；做好主体功能区规划工作是保持经济平稳快速发展的重要措施①。全面落实主体功能区战略同时有利于引导经济布局、人口分布与资源环境承载能力相适应；有利于从源头上扭转生态环境恶化的趋势，实现可持续发展；有利于政府制定并实施有针对性的区域政策和绩效考核评价体系，加强和改善区域调控；有利于逐步打破行政区划，实现“行政区经济”向“经济区经济”的转变，促进区域经济一体化水平的提高②。

主体功能区战略的提出也是为了适应我国当前国土空间及开发的特点。我国国土空间的特点是多样性、非均衡性、脆弱性，因此我们应当清醒地认识到，不是所有的国土空间都适宜大规模高强度的工业化城市化开发③，人均拥有的适宜开发的国土空间并不广阔；也不是所有国土空间都应承担同样的

---

① 曾培炎. 推进形成主体功能区，促进区域协调发展［J］. 求是，2008（2）：15-18.

② 贾若祥. 实施主体功能区战略下的区域发展模式转变研究［J］. 中国经贸导刊，2012（16）：57-58.

③ 2013 年 3 月以来，全国雾霾日数为 3.3 天，比常年同期偏多 1.1 天，为 1961 年以来历史同期最多，全国 140 多万平方公里上空雾霾不散，影响 8 亿国民的正常生活，而城乡过度开发是造成雾霾天气的重要祸首。参阅：中国气象局：3 月份全国雾霾天数创 52 年来新高［EB/OL］.（2013-04-02）. http：//www.gov.cn/jrzg/2013-04/02/content_2368790.htm.

功能。因此，国土空间开发活动必须遵循自然规律、有序开发，节约空间、集约开发，因地制宜、分类开发，以期从根本上改变国土空间开发中超越当地资源环境承载力的无序、无度和盲目状态。

当前，《全国主体功能区规划》已经完成，省级规划正在陆续推出：2012年7月，《甘肃省主体功能区规划》印发；2012年9月14日，《广东省主体功能区规划》公布；2012年9月17日，《北京市主体功能区规划》颁布实施；2012年10月，《天津市主体功能区规划》公布；2012年12月10日，《广西壮族自治区主体功能区规划》印发；2012年12月21日，《湖北省主体功能区规划》印发；2013年1月15日，《福建省主体功能区规划》公布；2013年1月22日，《上海市主体功能区规划》出台；2013年2月20日，《山东省主体功能区规划》印发；2013年2月25日，《江西省主体功能区规划》公布；2013年3月13日，《陕西省主体功能区规划》公布；2013年4月16日，《四川省主体功能区规划》公布；2013年12月25日，《安徽省主体功能区规划》印发；2014年2月，《河南省主体功能区规划》印发；2014年3月17日，《山西省主体功能区规划》公布……

2. 主体功能区的“推进”与“形成”的制度需求与日俱增

（1）主体功能区规划需要相关制度的有力保证

我们必须看到，目前许多地方政府都把规划当作一种摆设，将编制规划作为一种形式、当作一项任务，很少考虑规划对本地区经济社会发展的真实指导性和有效约束力。换一届地方政府、换一套规划思想的现象为数不少①。为改变这种“认真规划、随意变化”的情况，加强制度的约束力迫在眉睫。

主体功能区的“推进”与“形成”是一个长期的过程，为避免主体功能区规划陷于“规划规划，墙上挂挂”“规划就是鬼话”的窘境，其“推进”与“形成”必须以相应的制度作为保证。2011年通过的“十二五”规划纲要将主体功能区建设上升至战略层次，同时明确要求出台相关法律法规、政策和规划体系来辅佐主体功能区效力的发挥。

① 邢会强．宏观调控权运行的法律问题［M］．北京：北京大学出版社，2004：95-96.

因此，为主体功能区的“推进”与“形成”，必须在制度层面上进行政策引导、法治保障、措施落实。目前国家层面的规划还不是一个完全可以直接操作的规划，具体政策落实要靠中央和省级政府两个层面共同推进。今后的工作就是编规划、定政策、抓落实三项任务交叉进行①。

可见，主体功能区规划创制与实施应增强制度供给、建立健全规划创制与实施机制，同时加强对规划实施情况的监督检查，方能确保主体功能区规划落到实处。

（2）我国相应的制度供给严重不足

制度的更新往往滞后于现实经济社会的发展，主体功能区规划亦是如此，同样出现了“制度短缺”的现象，譬如区域合作制度，国家经济社会发展使传统的中国社会发生了剧烈的变革或转型，制度性的短缺现象日益凸现，随着区域一体化进程波澜壮阔、健步推进，成为新的国家战略以来，在较短的时间内产生了大量新的社会关系，区域合作性的制度短缺现象进一步加剧。制度的短缺又必然带来这样的问题——由谁来供给新的制度，如何实现制度供给与需求之间的平衡②。

然而，我国在法律体系上没有专门的职能部门统筹安排主体功能区的实施，缺乏保障主体功能区规划创制、实施的政策、法律体系，缺乏健全有效的监督评价机制与绩效考核机制，缺乏对内容互有交叉或有抵触的各类规划的衔接与协调机制。政府与市场功能边界的明确划分，规划创制、决策、更新、监督救济机制等问题尚悬而未决，连主体功能区规划的法律定位都成了问题。因此，运用法学基础理论，构筑较为完整的保障主体功能区规划创制与实施的制度体系，为“推进”与“形成”主体功能区提供明确可行的制度供给，明确供给内容与供给主体，是当前法学界特别是经济法学界的一项紧迫任务。

（3）主体功能区规划亟待法治化

主体功能区规划的现状呼唤法治化。当前，各省级主体功能区规划陆续

---

① 杨海霞．解读全国主体功能区规划——专访国家发展改革委秘书长杨伟民［J］．中国投资，2011（4）：16-21.

② 强昌文．以契约精神引领区域合作制度的发展［J］．江淮论坛，2012（1）：119-124.

出台，主要任务是明确本辖区国家确定的主体功能区的具体范围以及国家规划未涉及地域的主体功能，省级规划完成后，两个层面的规划将实现陆地国土空间的全覆盖，全国2860个县级行政单位都将会有明确的主体功能定位①。因此，当前主体功能区规划处在省级主体功能区规划创制与各级主体功能区规划实施准备阶段。如前所述，若能使规划落到实处，亟须相应的制度配合，其中法治化是保证规划顺利创制、具体实施的重要手段。反之，如果没有相应的制度配合，规划就会流于执行无主体、实施无考核、落实无监督的虚置状态，计划经济之所以行不通，其重要原因之一就是计划在人治和行政操作下往往是“虚”的，最终彻底蜕变为数字游戏和官僚瞎折腾，计划经济也就寿终正寝了。规划要脱胎换骨，要使它变得如同法治国家的预算那般的“实”，就需要为之寻找一条法治的途径②。

此外，主体功能区规划法治化，也是出于维护公共利益的需要。行政主体在应然状态下是公共利益的代表者，而行政主体的行为是否代表公共利益，在实践中经常会受到实践的拷问。这是因为“行政机关本身也是一个利益主体，在维护公共利益的同时，会自觉不自觉地寻求自身利益的最大化，从而导致政府利益的异化”。正是由于行政主体自身的利益可能与公共利益相背离，行政主体甚至以维护公共利益之名而行追求私利之实③。主体功能区规划法治化的实现，可以有效控制行政机关滥用权力，从而避免公共利益遭受侵害。

然而，与以往各类规划一样，由于受计划传统等因素的影响，主体功能区规划很有可能陷入不够权威、不够严肃的所谓“脱法”的状态，规划的编制是领导定指标、规划人员画蓝图，规划由机关通过以后，基本上回到脱法状态，到规划结束时笼统、非正式地报告一些喜人的数据，缺乏法治所要求的规范、博弈、制度化的协调，以及救济和责任等要素，从根本上还没有摆

---

① 杨海霞．解读全国主体功能区规划——专访国家发展改革委秘书长杨伟民［J］．中国投资，2011（4）：16-21.

② 史际春．论规划的法治化［J］．兰州大学学报（社会科学版），2006，34（4）：1-8.

③ 王青斌．行政规划法治化研究［M］．北京：人民出版社，2010：68-69.

脱开会、发文件、直接的指挥和命令等行政式计划的特质和窠臼[①]。因此，此种情况下我国的各类规划迄今尚称不上是法治的，作为区域规划的主体功能区规划更是如此。现实情况是，由于我国在地区发展立法上仍处于空白状态，虽然近年来政府为扶持中西部地区发展、解决区域间协调发展问题提出了很多计划、政策和措施，但其中有些计划、政策和措施并未能真正落到实处，实施效果也不理想，其中一个很重要的原因就是这些计划、政策、措施不具有法律地位，缺乏实际效力与强制执行力，其实施在很大程度上仅依赖于执行者的水平和自觉性，对不执行计划、政策等行为也未规定相关人员的责任。因此，处于“脱法”状态的主体功能区规划的编制、实施是很难得到保障的。

因此，当务之急是能在主体功能区规划创制与实施过程中摆脱人治、行政等力量的干扰，加强法治建设，从立法、执法、司法、守法、法律监督等各个环节将主体功能区规划纳入我国法治化的轨道。我们知道，法制建设是市场经济条件下实施区域管治的基础，因此，我们要努力填补主体功能区规划法律体系的空白，系统化构建主体功能区规划的创制、实施法律保障体系，树立主体功能区规划权威，设置区域管理专门机构，提高区域空间管治水平，同时提高各级规划创制与实施主体的法治意识，使主体功能区规划和实施均有法律依据，特别是在实施层面提高法治化水平，置主体功能区规划于法治状态下有序运行。

3. 西方区域规划及区域管理方面成功经验的示范效应

（1）西方国家积累丰富的区域规划及区域管理的经验

西方国家并无“主体功能区”概念，过去国内外也没有这样的提法[②]，借鉴国外主体功能区经验至少在表述上是不准确的，但是对一个国家和地区的国土进行规划，以保持一个合理的区域分工和区域间相对平衡协调的发展，是国际上很多国家的共同做法，美国、德国、荷兰和日本等许多国家和地区在比较长的空间规划历史中积累了丰富的空间规划以及特定区域管理的经验，

① 史际春．论规划的法治化［J］．兰州大学学报（社会科学版），2006，34（4）：1-8.
② 魏后凯．对推进形成主体功能区的冷思考［J］．中国发展观察，2007（3）：28-32.

因此借鉴国外空间规划、区域发展先进理念来指导我国的主体功能区规划是可取的。

经济布局过密过疏、区域经济发展水平差距较大是世界许多国家面临的共同问题，当今世界经济最为发达的美国即是如此。美国分为北部、南部和西部，美国北部包括东北部和中北部。美国北部是其资本主义的发源地，气候较寒冷，不利于农业耕作和作物生长，但是水、煤、木材等自然资源较为丰富，而且该区域紧邻大西洋，在大西洋航运和贸易中居有利地位，这些有利因素使得该地区在全国经济发展中处于领先地位①。第一次世界大战以后至20世纪80年代初，美国地区差异呈逐步缩小的趋势。长期落后的美国南部地区在经济上取得了较快的发展，而美国传统的发达地区——东北部地区在美国经济中的地位呈逐步下降的趋势。20世纪80年代中期以后，美国地区差异再度出现缓慢扩大的趋势②。

为了解决区域发展差距较大的问题，西方许多发达的国家或地区都把国土划分为鼓励优先发展的重点区域、保护性区域、问题区域（主要包括落后区域、衰退区域、膨胀区域），并针对不同的区域实施不同的区域政策③。区域政策最早兴起于20世纪上半叶的西欧，是当时的发达国家对抗大萧条的手段，德国的区域政策就是这样起步的④。

日本也面临同样的问题，在经济高速增长的前期，为了强化市场高效配置资源的功能，追求经济快速发展，政府政策向“太平洋带状工业地区”倾斜，但这也导致了这一地区工业布局过密，人口集聚过度的“膨胀病”。为了消除经济布局的过密过疏问题，缩小各地区经济发展水平的差距，政府政策

---

① 石风光，李宗植．美国、日本区域协调发展政策实践及启示［J］．国际问题研究，2008（5）：28-33.

② 晏敬东，阎炳珠．美、德两国区域经济发展政策的比较及启示［J］．中南财经大学学报，2000（3）：35-38.

③ 袁朱．国外有关主体功能区划分及其分类政策的研究与启示［J］．中国发展观察，2007（2）：54-56.

④ 殷醒民，刘娇．一个目标、两个层级的区域政策——评德国区域平衡发展政策［J］．世界经济文汇，2007（3）：72-85.

重点转向了区域协调发展①。

为促进区域协调发展，发达国家的地区都比较重视空间管治，空间管治包括空间规划和区域政策等内容，是现代区域发展管理和组织的主要方式，是社会发展到一定阶段政府进行必要的宏观调控的重要手段。划分功能区并进行规划也是国际上国土开发和空间管治的通行做法②。

具体来说，普遍的做法包括：加强基础建设，如铁路的兴起，不仅促进了美国全国性市场的形成，而且在西部催生了众多的“铁路城镇”，使西部铁路沿线及附近地区步入了早期的繁荣③；重视区域规划的调控功能并将之纳入法制轨道，将其作为优化空间结构和开发秩序、协调区域经济协调发展的主要手段等。

（2）加强法制建设是西方国家区域规划及区域管理共同的经验

“从西方发达国家的经验看，协调区域规划和发展，都离不开法律的建设和支持。”④

自 1951 年以来，日本内阁根据《北海道开发法》，先后制订并实施了六次“北海道综合开发计划”，每一期计划都有明确的重点和目标⑤。

德国是非常讲究区域均衡的国家，德国采用立法的形式，为区域经济政策目标的有效实施提供了法律保障，相继颁布了《联邦基本法》《联邦空间布局法》《联邦改善区域结构公共任务法》，其中《联邦基本法》确定，联邦各地区的发展和人民生活水平应该趋于一致，并消除地区间发展的不平衡；《联邦空间布局法》规定，联邦领土在空间上应该得到普遍发展⑥。

此外，从德国城市建设和发展的结果来看，空间规划实施的效果也是非

---

① 易志坤，林繁．美、德两国促进区域协调发展政策［J］．价格月刊，2003（1）：37-38.

② 樊杰．解析我国区域协调发展的制约因素、探究全国主体功能区规划的重要作用［J］．中国科学院院刊．2007，22（3）：194-201.

③ 易志坤，林繁．美、德两国促进区域协调发展政策［J］．价格月刊，2003（1）：37-38.

④ 陈宣庆，张可云．统筹区域发展的战略问题与政策研究［M］．北京：中国市场出版社，2007：176.

⑤ 衣保中，任莉．论日本的区域经济政策及其特色［J］．现代日本经济，2003（5）：18-23.

⑥ 司俊，孙德才．借鉴德国区域援助政策积极实施西部开发战略［J］．内蒙古财会，2001（8）：6-8.

常好的，德国空间规划的成功经验值得借鉴，其中建立完善的法律体系，保证规划的强制性和约束性是成功的经验之一①。

经过多年的开发实践，西方许多国家的开发效率普遍过高，而开发强度却普遍较低。相对来说，我国存在较大的差距。我国经济发达的城市，像天津、上海、佛山、东莞、深圳的国土开发强度分别达到25%、29%、30%、38%和40%，远远高于日本三大都市圈的15.6%、德国斯图加特的20%、法国巴黎地区的21%的强度水平，但开发效率却远不及这些地区。从国际经验看，经济总量集聚的地区，同样应该是就业机会多、人口相应集中的地区。以美国为例，美国的东海岸、五大湖、西海岸三大都市带的GDP占美国的48%，人口也占45%，而我国的情况却完全不同，长三角、珠三角和京津冀三大都市圈，经济总量约占全国的35%，而人口只占全国的15%左右②。

在“保持均衡的生活条件”（德国联邦宪法规定）方面，我国差距同样较大，美国GDP最多的加利福尼亚州是GDP最少的佛蒙特州GDP的75倍，但人均GDP最高地区与最低地区的差距仅为2.2倍。而我国GDP最多的广东是GDP最少的西藏的89倍，而人均GDP最高地区与最低地区的差距则达7.6倍③。人均财政支出乃至公共服务的反差同样巨大，我国人口净流入地得到了流动就业的劳动人口创造的GDP和税收，流出地却要负担他们家属的公共服务，加上均衡性财政转移支付规模不够，导致各地区人均公共财政支出形成反差，乃至公共服务反差，2009年我国人均财政支出最高地区是最低地区的5.3倍，这是促进区域协调发展要解决的迫切问题④。

世界银行2009年的报告《重塑世界经济地理》在总结世界各国区域发展经验的基础上认为，在一国经济发展过程中必然伴随着空间结构的变动，无论是高收入国家还是低收入国家，经济增长在空间上都是不平衡的，能否既

---

① 曲卫东．联邦德国空间规划研究［J］．中国土地科学，2004（2）：58-64.

② 王晓萍．关于市县功能区规划编制工作的几点思考［J］．宏观经济管理，2008（7）：68-70.

③ 杨海霞．解读全国主体功能区规划——专访国家发展改革委秘书长杨伟民［J］．中国投资，2011（4）：16-21.

④ 杨海霞．解读全国主体功能区规划——专访国家发展改革委秘书长杨伟民［J］．中国投资，2011（4）：16-21.

实现空间集聚的经济效益，又实现生活水平趋同和普惠、和谐发展，依赖于相关措施是否得当①。

因此，通过借鉴西方发达国家协调区域经济发展的成功经验，尤其是构建区域管理与空间管治方面的法律、政策体系并以之为指导采取“相关措施”，走出一条独特的主体功能区规划法治化道路，是当今社会对我们提出的迫切要求。

（二）理论背景

1. 法学特别是经济法学理应对主体功能区规划法治化做出回应

“主体功能区”概念提出以来，地理信息学科、经济学、行政学、管理学等各学科特别是经济学等学科旋即展开研究，其中区域经济学方面的相关研究取得可喜进展，无论是主体功能区规划的经济学理论基础（人口、资源和环境相协调的经济学理论，区域分工与协调发展的理论，空间结构理论，可持续发展理论），还是主体功能区规划实施过程中增量利益的调整、财税制度的重新构建、生态补偿（Ecological compensation）机制等方面都取得了丰硕的成果，也为现实经济社会发展提供了智力支持与制度保障。

反观法学研究者，一方面认为主体功能区规划只是政府出台的相关政策，而对于政策与法律的区别已相当清楚，所以不愿涉及；另一方面只是简单地呼吁立法机关制定相关主体功能区法律法规的重要性及提出法律法规的建议，认为主体功能区规划实施阶段尚不成熟，积极性不高，相关成果也不多。这是有悖于法学的使命的，法学特别是经济法学理应对主体功能区建设这一宏观层面的经济管理关系做出理论上的回应②。

---

① 杨海霞．解读全国主体功能区规划——专访国家发展改革委秘书长杨伟民［J］．中国投资，2011，(4)：16-21.

② 我国经济法的调整对象包括经济管理关系、维护公平竞争关系、组织管理性的流转和协作关系等三类。参见：史际春，邓峰．经济法总论［M］．北京：法律出版社，2008：39. 其中，经济法调整的经济管理关系是在国家管理经济过程中形成的物质利益关系。在我国，往往限定为以国家为管理主体的经济管理关系。经济管理包括宏观和微观层面，规划即属于宏观层面的经济管理关系。

2. 软法特别是经济软法研究方兴未艾

面对主体功能区规划这样的政府出台的文件，传统的法律体系确实难以胜任，传统的“法律”与活生生的经济生活实践经常会出现隔离、错位等现象，对此，上海社科院学者刘长秋在2011年中国法学会经济法学研究会年会上认为，当前情况是“如果出台相关立法的话，执行力是很成问题的，如果出台相关文件，执行得非常好，从中央到各个地方都会非常认真地执行，所以软法硬施值得大家的关注”①。美国法学家博登海默也指出：“一个法律制度，如果跟不上时代的需要或要求，而且死死抱住上个时代的只具有短暂意义的观念不放，那么显然是不可取的。”②

自2005年北大软法研究中心成立以来，在罗豪才、宋功德、姜明安等学者的推动下，国内众多学者展开了软法研究，其研究范围也已涉及众多部门法领域，经济领域的软法已经取得丰硕成果，从现有掌握的文献资料来看，已有程信和、朱国华、徐崇利等三十余名学者关注到经济领域软法现象，或总或分，从国外到国内，兼及宏观调控及市场规制等领域，撰写论文，表达学术观点，引领经济领域软法的研究向广度、纵深发展③。有些经济法学者称其为“经济软法”，比如，谈及城乡联动发展，有学者指出，通过“经济软法”可构建经济公平、经济正义并降低交易成本，促进城乡共同发展④。可以看出，软法以及“经济软法”可以成为研究主体功能区规划法治化、推动主体功能区建设的重要理论工具。

（三）选题的意义

以软、硬法混合治理为视野进行主体功能区规划法治化研究具有理论与

---

① 2011年全国经济法年会会议简报［EB/OL］．（2011－12－26）．经济法网 http：//law. hust. edu. cn/Law2008/ShowArticle. asp？ArticleID＝10372&Page＝21.

② ［美］E. 博登海默．法理学——法律哲学与法律方法［M］．邓正来，译．北京：科学出版社，2004：340.

③ 吕中国，强昌文．经济领域的软法研究述评［J］．西北农林科技大学学报（社会科学版），2013（2）：128-136.

④ 焦海涛．第二十届全国经济法理论研讨会综述［J］．法商研究，2012（3）：153-160.

实践两个方面的意义。理论上，一方面是软法研究及经济软法研究领域的进一步拓展，也是对软法理论的进一步运用与发展；另一方面，在对现有经济法学理论的运用与发展过程中进一步拓展了经济法学研究领域。实践上，能为进一步“推进”与“形成”主体功能区以及进一步的主体功能区建设提供充足有效的制度供给，将主体功能区规划的创制与实施纳入法治化轨道，促进主体功能区布局的最终形成。

二、相关概念辨析

（一）主体功能区相关概念辨析

1. 主体功能区

主体功能区是指在对国内不同区域的资源环境承载能力、现有开发密度和发展潜力等要素进行综合分析的基础上，按区域分工和协调发展原则，以资源环境要素、社会经济发展水平、人口布局以及生态系统特征等综合因素为依据，对国土空间进行划分并确立其在国民经济和社会发展中的特定主要功能的空间单元。主体功能区战略的提出及实施，是我国现阶段加强国土空间管理、落实科学发展观、加强生态文明建设、实施可持续发展战略的一项重大理论创新和探索。

需要指出的是，主体功能区与区域经济学中的“功能区”不同：在区域经济学中，“功能区”是“功能区域”（Functional regions）的简称，是指有一定的功能内聚性、各组成部分相互依赖的空间单元，其重视的是各组成部分的功能联系而非同质性；而“主体功能区”主要是指类型区（在区域经济学中的规范名词是“匀质区”），这两个概念的内涵是完全不同的①。

① 张可云．主体功能区的操作问题与解决办法［J］．中国发展观察，2007（3）：26-27.

2. 主体功能区划

主体功能区划是主体功能区规划的起点与终点。根据国家的统一安排，我国将国土空间划分为优化开发、重点开发、限制开发、禁止开发4类[①]；将全国2860个县级行政区分为城市化地区、农产品主产区和重点生态功能区3类地区，使各地都能清楚自己的主体功能定位、发展内容、发展方式和发展方向；分成两级规划（国家级和省级），逐渐形成了“4+3+2”这样的格局。同时明确全国的3个优化开发区域，18个重点开发区域，25个重点生态功能区，7个农产品主产区，不包括1400多个各类开发园区，这样政策单元变成53个，使我国现行的西部开发、东北振兴、中部崛起、东部率先发展等四大战略变为53个政策单元，缩小政策特指的地域空间单元，提高政策的针对性和有效性。

3. 主体功能区规划

主体功能区规划是关键环节，本书从静态与动态两个方面来运用此概念。静态的“主体功能区规划”是指国家、省级等各级政府创制的包含规划背景、指导思想与规划目标、具体主体功能区划、能源与资源、保障措施、规划实施等内容的规划文本，其全面规定主体功能区规划目标指向以及主体功能区规划形成的保障与实施举措，是主体功能区“推进”与“形成”的重要依据。当前，省级规划相继出台，省级以下规划也在积极创制之中，上一级规划是下一级规划的权威依据。动态的“主体功能区规划”是指以先进规划理念为指引，以静态的“主体功能区规划”为依据，各部门通力协作，全面落实相关政策、法律法规，推进主体功能区划的逐步形成的各部门、各政策法规、各规划联动的整个行动过程。主体功能区规划的创制与实施（静态和动态），有望彻底解决空间规划、国土规划、土地利用规划和经济社会发展规划等方面的矛盾和冲突，使我国国土空间开发更为有序、有度、安全、高效。

4. 主体功能区建设

主体功能区建设是动态的概念，其内涵最广，涵盖主体功能区划分、主

① 除这四类主体功能区外，其他区域可划为潜在开发区，以供未来开发之需要。参见：魏后凯. 对推进形成主体功能区的冷思考［J］. 中国发展观察，2007（3）：28-32.

体功能区规划创制、执行和落实等问题，有学者习惯于使用“主体功能区建设”的概念。本书中，“主体功能区建设”和“推进”与“形成”主体功能区含义相近，和动态的主体功能区规划的“创制与实施”含义大致相同，只不过，主体功能区建设含义更广，涵盖面更大，更能突出战略层面的含义。主体功能区建设任务艰巨、复杂，具体来说，主体功能区建设是区划、规划、政策和考核“四位一体”。其中，主体功能区划是基础和前提，主体功能区规划是关键环节，相关配套政策和绩效考核是保障条件①。

总之，主体功能区划是目标，主体功能区规划是依据，主体功能区建设以全面实施主体功能区规划为主要内容，针对不同区域实施不同的区域政策、采取不同考核标准进行分类管理，“推进”与“形成”主体功能区，促成主体功能区良好布局的最终形成并长期保持。

（二）软硬法相关概念辨析

1. 硬法

硬法即传统意义上的法，传统的法学理论作如下定义：法是由国家制定、认可并依靠国家强制力保证实施的，以权利和义务为调整机制，以人的行为规范为调整对象，反映由特定物质生活条件所决定的统治阶级或人民意志，以确认、保护和发展阶级所期望的社会关系和价值目标为目的的行为规范体系②。简言之，法是由国家制定并由国家强制力保证实施的行为规范。因此，“硬法即是我国传统法概念的继承者，是对历史的保留”③。

按照立法法的规定，全国人大及其常委会制定的法律、国务院制定的行政法规、省一级及较大的市的人大及其常委会制定的地方性法规，以及民族自治地方的自治条例和单行条例、国务院有关部门和省一级及较大的市的政府制定的规章等四类规范性文件——法律、行政法规、地方性法规以及自治

---

① 魏后凯．对推进形成主体功能区的冷思考［J］．中国发展观察，2007（3）：28-32.

② 张文显：法理学［M］．北京：高等教育出版社，1999：46.

③ 程迈．软法概念的构造与功能［C］//罗豪才．软法的理论与实践．北京：北京大学出版社，2010：19.

条例和单行条例、规章，统称为“法”，也即我们所说的“硬法”，它由立法、执法、司法及仲裁、守法、法律监督、法律服务等要素构成。它们具有“国家法”的基本特征：由享有立法权的国家机关制定，作为人们的共同行为准则，以国家强制力保证其实施①。

2. 软法

硬法的概念是相对于软法的概念而言的。相对于硬法集中体现国家意志，软法除体现国家意志外，还侧重体现其他社会共同体的意志。软法概念肇始于国际法，其最初的含义是非条约协议②，或者是严格意义上不具有法律约束力，但又具有一定法律效果的国际文件③。围绕国际经济、政治秩序，国际法著作中经常提及“软法”这一概念。至于软法的概念，国内学者经常引用法国学者、《欧洲法律杂志》主编弗朗西斯·施尼德（Francis Snyder）的定义：“软法是原则上不具有法律约束力，却具有实际效果的行为规范。”④ 国内学者中罗豪才教授对软法的界说同样被国内学者广泛引用，他认为：“‘软法’是指那些效力结构未必完整、无须依靠国家强制保障实施，但能够产生社会实效的法律规范”⑤。据此，法律有硬法和软法之分，相应地，传统意义上的法律称为“硬法”。

软法概念基于对传统法概念的突破，是对经济社会不断转型以及法律社会化的理论回应，“软法”的界定与否取决于我们能否跳出对法的理解上的国家意志中心主义和国家司法中心主义思维定式以及能否给予“软法亦法”命题以肯定的回答。法学家博登海默评价道：“即使一个拥有大量立法权力的现代国家，也不可能制定出有关每一件事和每一个人的法律。政府法律仍留下了大量的真空领域，而这些领域必须或能够通过行使私性或准私性的立法权

---

① 程信和．硬法、软法与经济法［J］．甘肃社会科学，2007（4）：219-226.

② G. M. Borchardt，K. Wellens. Soft Law in European Community Law［J］. European Law Review，1989，14（5）.

③ 王铁崖．国际法［M］．北京：法律出版社，1995：456.

④ Francis Snyder. Soft Law and Institutional Practice in the European Community［C］//Steve Martin，The Construction of Europe：Essays in Honor of Emile Noel，Kluwer Academic Publishers.

⑤ 罗豪才．法与公共治理［M］．北京：北京大学出版社，2006：49.

力予以填补。"① 博登海默教授的评价为我们理解软法机制提供了更广阔的思辨视角。

软法的优势在于节约立法和执法的成本，而且使规范体系更具弹性、开放性和回应性，相对于硬法着眼于约束、强制和制裁，软法着眼于规范、促进和协同。软法可以根据变动的社会生活需要而不断地适时做出调整。软法的概念先于软法现象的存在，其理论的真理性正在不断地经受着社会生活实践的检验。

3. 经济软法

"经济软法"的概念较新，是经济领域软法的简称。其兴起首先是由于对现实社会经济生活存在的众多传统经济法学无法统摄的经济法律现象的回应。有学者从"存在即合理"的角度出发，从国内外两个方面阐述了经济领域软法产生的原因：国际层面，宣言性文件，如《发展权利宣言》；国际经济惯例，如国际商会主持制订的《国际贸易术语解释通则》及《跟单信用证统一惯例》；由跨政府组织形成的非国际条约性质的协议，如巴塞尔协议；国际上各种 NGO（非政府组织）制定的国际经济标准和规则，如国家标准化组织 ISO 的认证体系；2000 年里斯本高峰会议之后，欧盟开始采用开放协调机制（OMC，Open method of coordination）协调欧洲国家行动。国内层面，NGO 在改革开放以来发展迅猛，其制定规范的权限呈现扩大的趋势，如律师协会。朱国华认为，经济法学者必须对于这种实际存在的社会法现象做出必要的回应②。他认为，行业标准、公共政策、自律规范、弹性法条、交易合同、集体合同等都可作为经济领域软法的渊源，并率先提出"经济软法"的概念。程信和也认为，"国家法"之外的社会规则其实大量存在，它们实际上支配着许多领域的活动。比如，公共政策、行业规约、公司章程、专业标准、交易习

① ［美］E·博登海默．法理学——法律哲学与法律方法［M］．北京：科学出版社，2004：441.

② 朱国华，倪天伶．经济软法论纲［C］//北京市法学会．中国经济法三十年．北京：中国法制出版社，2008：295-296.

惯、国际宣言等①。

4. 混合法

混合法是指软硬并举、刚柔并济的法律机制。软法有其不可比拟的优势，但同时也有其自身不能克服的弱点，硬法同样如此。从实践来看，各国法律治理基本上不存在单纯依靠硬法或软法进行公共治理的情况，而是硬法与软法“并行不悖”“各展其长、各得其所”②。

因此，完善软法自身、寻求硬法的保障、促进软法在一定条件下向硬法的转化（当然这不是必由之路，因为软法也有其独特的适用范围）等途径被用来克服软法的缺陷、发扬软法的优势。一般认为，实现硬法与软法的结合，实现软硬并举、刚柔并济的混合法机制，已成为调整当今复杂的社会关系、经济关系的必由之路。

三、国内外研究现状

（一）软法及经济软法研究方面

出于对不断变动的社会经济现象的回应，国外软法研究迅速开展，而国内相关研究起步较晚，北京大学软法研究中心于 2005 年 12 月成立，同年 12 月 15 日，罗豪才在《法制日报》发表的《公域之治中的软法》系最早在公共治理背景下研究软法的文献之一。自此，国内关于软法的研究在质疑、反对甚至抵制声中逐步开展起来，关注点自宪法、行政法等公域之治开始，扩展到国家调节社会公共经济关系，以公法性质为主、公私法规范相结合的经济法领域。在社会经济快速转型期软法现象大量涌现的背景下，有一些经济法学者出于自身的使命感以积极的心态投入经济领域软法现象研究中来。对于

① 程信和．软法真谛论纲——主要以经济领域为视角［C］//中山大学法学理论与法律实践研究中心．中山大学法律评论（第 7 辑）．北京：法律出版社，2009：89.

② 罗豪才．人民政协与软法之治［J］．中国政协理论研究，2009（1）：10-12.

经济法学界来说，软法现象的研究不能总是游离于自己的视野之外，否则就跟不上时代的步伐。“一万年太久，只争朝夕”，我们必须行动起来①。

就研究径路而言，一方面，部分学者致力于构建一套比较完整的软法理论和知识谱系，另一方面，部分学者侧重于运用现有的软法理论成果，从不同的经济生活领域、部门法、软法现象的角度展开研究。内容涉及技术标准、村规民约、公共政策、裁量基准、自治章程、行政规范性文件等。这两方面的研究交相辉映，较好地实现了理论与实践、问题与主义、规范与实证的结合②。

关于软法的理论基础，有学者认为，庞德曾主张相对于“书本上的法”的“行动中的法”（Law in action），西方学者、法社会学创始人埃利希也曾提出相对于“国家法”的“活法”（Living law），两者虽被指潜藏着使“法”泛化的倾向，大大超出软、硬法的外延，但其关注现实生活、主张法律的内涵与外延应该随经济社会同步发展，这种思想便于我们更深入地理解软法现象。美国大法官霍姆斯的名言“法律的生命在于经验”等也时常被用来论证软法存在的合理性③。

关于经济法与软法的理论关联，结合学者们的研究成果，我们大致可以理出经济法已步入公共治理时代——公共治理呼唤软法——经济法需要软法之治的理论脉络。关于公共治理与经济法的内在契合性，有学者认为公共治理是建立在“政府、市场与社会的合作”基础上的管理模式，强调市场原则、公共利益，同经济法的市场性、管理性和社会性具有本质的同一性，可以作为经济法的指导理论，并从历史使命的耦合、本质特性的契合、经济法是公共治理的重要制度形式等三个方面展开论述，并做出“中国经济法正走上公共治理之道”的论断④。由此可以看出，在公共治理主导的框架下，社会规范

---

① 程信和．硬法、软法与经济法［J］．甘肃社会科学，2007（4）：219-226.

② 罗豪才，宋功德．软法亦法——公共治理呼唤软法之治［M］．北京：法律出版社，2009：350.

③ 朱国华，倪天伶．经济软法论纲［C］//北京市法学会．中国经济法三十年．北京：中国法制出版社，2008：295-296；程信和．硬法、软法与经济法［J］．甘肃社会科学，2007（4）:219-226.

④ 张永忠．和谐社会视域下经济法的公共治理之道——我国经济法治现象变迁的理论解释［J］．学术研究，2007（10）：45-49.

的多样性日益显现，经济领域的硬法机制必将走向成熟、软法机制必将脱颖而出，它们分别和共同大显身手①。而经济法是以公法为主导，公、私法相结合的法律形态。“经济法可称为国民经济发展法、国民经济分配法（或社会整体经济利益平衡法）和国民经济安全法。”② 因此，软法适用于经济法发挥作用的公共治理领域，主要表现在——关于经济领域的发展权、分配权和安全权，国民经济管理，关于市场监管、消费者权益保护、环境保护、资源与能源的保护和节约，企业与政府、企业与社会的关系等，既由硬法规范调整，又由软法规范调整③。

当然，对于软法也有不同的观点，关于软法的定义，有学者认为软法对促进社会自治、加大对公权力的监督力度、补充硬法的不足、保障公民的主体性精神、降低立法成本等方面具有十分重要的意义。然而，在认识软法上，应严禁“一刀切”的行为，软法应包括“形式软法”和“实质软法”，这两个方面应予以区别对待④。对于软法的功能，Richard Bilder 指出：“用软法一词来描述显然不具有法律形式而且并不意图发生法律上的约束力的文件显然是不合适的，而且也没有多大帮助。”⑤

（二）对区域管理及空间规划国外经验的介绍与借鉴

季卫东教授认为，后进行现代化的国家可以借鉴别人的经验教训，移植成功的制度，从而可以减少试验的成本和失败的风险，加快发展的过程，这种优势可概括为“后发者利益”。做自己的事离不开“他者”，因此，国内众多学者对世界其他各国区域协调发展与空间管治的现状进行考察，从中总结

---

① 关于公共治理呼唤软法，罗豪才教授有精彩的论述。参见：罗豪才，宋功德．软法亦法——公共治理呼唤软法之治［M］．北京：法律出版社，2009：350.

② 程信和．公共管理视角下的现代经济法［C］//公共管理与经济法治学术丛书总序．北京：人民法院出版社，2005.

③ 程信和．硬法、软法与经济法［J］．甘肃社会科学，2007（4）：219-226.

④ 魏清沂．软法：形式软法与实质软法［J］．广西大学学报（哲学社会科学版），2012（3）：92-96.

⑤ Dinah Shelton. Commitment and Compliance：The Role of Non-Binding Norms in the International Legal System［J］. American Journal of International Law，2003，95（3）.

成功经验，梳理对我国主体功能区规划的启示。有学者通过考察发现，空间规划在不同国家政策体系中的重要性存在差异，总体上讲，空间规划在大陆法系国家中的重要性要强一些，英美法系的国家例如美国尽管有城市和区域层次的空间规划实践，但一直都不主张编制全国性的空间规划。美国的区域规划是国家“不统不控+政策当先”体制下区域规划的生成模式。这种模式的特点是国家一般对规划不作集中统一管理，也不强调区域安排，各种规划由区域或城市自行编制①。

有学者以广阔的视野，总结美国、日本和德国等发达国家在处理区域协调发展上取得巨大成功的主要经验，包括：明确区域开发的目标；完善区域发展的法律制度；建立区域发展管理机构；通过财政税收金融政策支持欠发达地区经济发展；大力实施基础设施建设优先发展计划；以技术创新和产业结构调整带动落后地区经济发展②。

关于区域规划实施手段，有学者注意到国外通过影响政府公共行政的方法来保证区域规划的思想和内容能够对指定空间施加有益的影响。具体来说，各国大致通过以下方式来保证这种影响：公共财政保证、法律保证、行政措施保证、相关规划及项目的保证等③。

通过对国外相关制度的考察，学者们一致认为，德国、日本、美国、英国等域外国家在区域协调发展方面一般都有法律依据，依据法律编制空间规划并保障实施，值得我国借鉴④。

此外，作为公共政策和管理手段的重要内容，区域规划的编制主体、内容、编制方式、实施手段等应该由相应的法律做出规定。英国的相关法律规定，英国的规划权力属于地方议会或者议会间的联合，区域规划的制定一般采用联合规划委员会的方式，区域规划经过中央政府掌管规划的大

---

① 殷洁．区域经济法论纲［M］．北京：北京大学出版社，2009：59.

② 杭海，张敏新，王超群．美、日、德三国区域协调发展的经验分析［J］．世界经济与政治论坛，2011（1）：147.

③ 谢惠芳，向俊波．面向公共政策制定的区域规划——国外区域规划的编制对我们的启示［J］．经济地理，2005，25（5）：604-606.

④ 朱厚伦．中国区域经济发展战略［M］．北京：社会科学文献出版社，2004：23.

臣批准之后即成为组成地区的法律文件，其委员会的组成方式、规划的程序、内容、核准的过程、委员会的职责等都有法律规定；在法国等欧洲大陆国家，区域规划的地位则是由明确的法典规定的。法国的法律规定，法国的城市规划权力属于最基层的市镇，区域规划的权力则主要集中在中央、大区、省级政府，法国的“国土协调纲要”是协调全国的包括城市规划在内的几乎所有空间规划的区域规划，具有空间规划中最高的法律地位，地方政府在编制城市规划时必须执行这一规划。法国的规划法典规定：“如果没有可以实施的国土协调纲要，各自然区域和城市化后备区域不可用于城市发展。”各大区、省编制的区域规划一般也有相应的法律规定。在日本，法律规定，城市规划的权力属于基层的市町村，区域规划的权力属于国家和都道府县，相应的有国土规划和都市区规划等不同的层面。德国的规划立法权力在于联邦，而具体的规划编制则主要由州和各市完成，中央政府对于全国空间发展只是提出导则性的建议，如1995年的《空间秩序规划政策措施框架》等。①②

（三）主体功能区规划创制与实施方面

如前所述，对于主体功能区的研究，经济学者对区域规划相关理论研究开展较早，也较早注意到主体功能区规划的创制与实施，随着相关理论与技术方法研究不断深入，并结合各地实际，经济学者提出了诸多新的理论观点，对主体功能区规划的理论基础进行深入挖掘，并就如何进行主体功能区规划提出政策建议。尽管制度构建不是经济学者的擅长领域，却给法学研究者开拓研究领域、更新研究视角提供有价值的启迪。

1. 主体功能区基础理论

基础理论主要集中在“主体功能区”的概念辨析、内涵探讨、理论基础

---

① 曲卫东．联邦德国空间规划研究［J］．中国土地科学，2004（2）：58-64.

② 谢惠芳，向俊波．面向公共政策制定的区域规划——国外区域规划的编制对我们的启示［J］．经济地理，2005，25（5）：604-606.

分析等方面。[①②③④⑤] 在分析同质化政府管理引发的区域发展不协调现象的基础上，有学者对主体功能区建设的区域协调功能进行研究，并提出推进主体功能区建设，促进区域协调发展的政策建议[⑥]。有学者从区域经济学角度以要素配置之优化展开研究，认为主体功能区宏观调控的实质，是通过政府的宏观统筹安排促使特定区域内的区域性要素（Regional specific factor）禀赋和非区域性要素（Non-regional specific factor）禀赋[⑦]之间更加匹配。在任何区域经济中，区域性要素必须与非区域性要素相互结合、互相作用，才能形成生产能力并满足社会生产的目的[⑧]。

有学者从发展权角度，指出主体功能区的成功构建，有赖于理论和实践的创新，如针对特殊功能区的灵活财税政策、运用发展权转移维护区域主体功能、在主体功能区之间构建双重生态补偿机制等都不失为可行路径[⑨]。优化开发区域的发展权控制是在已经获得充分发展权并导致开发强度过高背景下的发展权约束，而限制和禁止开发区域的发展权控制则是为了维护区域的特定功能而对尚未获得充分发展权情况下的超前管制[⑩]。

2. 主体功能区规划创制与实施中存在的问题

有学者对“主体功能区”在操作层面上存在的问题及其未来的实施建议进

① 国家发展改革委宏观经济研究院国土地区研究所课题组．我国主体功能区划分及其分类政策初步研究［J］．宏观经济研究，2007（4）：3-10.

② 李雯燕，米文宝．地域主体功能区划研究综述与分析［J］．经济地理，2008（3）：357-361.

③ 牛文元，孙殿义．国家主体功能区的核心设计：构筑三条国家基础安全保障线［J］．中国软科学，2008（7）：1-5.

④ 樊杰．我国主体功能区划的科学基础［J］．地理学报，2007，62（4）：339-350.

⑤ 朱传耿，马晓东，孟召宜，等．地域主体功能区划：理论·方法·实证［M］．北京：科学出版社，2007：17-52.

⑥ 邓玲，杜黎明．主体功能区建设的区域协调功能研究［J］．经济学家，2006（4）：60-64.

⑦ 有些要素是区域固有的，其他区域无法拥有这些要素；有些要素是普遍存在的，通过要素的空间移动，其他区域也可以拥有这些要素。前者就是区域性要素，后者就是非区域性要素。

⑧ 郝大江．主体功能区宏观调控机制与制度设计——以黑龙江省为例［J］．黑龙江对外经贸，2010（7）：7-10.

⑨ 危旭芳．主体功能区构建与制度创新：国外典型经验及启示［J］．生态经济，2012（3）：67-72.

⑩ 高国力．美国区域和城市规划及管理的做法和对我国开展主体功能区划的启示［J］．中国发展观察，2006（11）：52-54.

行了探讨[①]。更有学者在主体功能区建设大张旗鼓之时，启发人们“冷思考”，他提出主体功能区规划并不能“包治百病”，反而会引出一系列问题：主体功能区建设将会进一步加剧空间不均衡；主体功能区并不能解决问题区域[②]的发展问题；可能会加大西部大开发和落后地区发展的难度。还有学者主张，在划分主体功能区的基础上，进一步划分关键问题区域，前者侧重强调的是“人的繁荣”，而后者则注重“地域的繁荣”。从全国范围来看，像中国这样一个地区差异极大的发展中大国，兼顾“人的繁荣”和“地域的繁荣”十分重要[③]。

再如，有学者启示我们要清醒地看到主体功能区规划实施的难度，这是因为我国整体实力和发展水平还不足以支撑区域协调发展内涵和主体功能规划的全面落实、快速“推进”与最终“形成”。仅就人口流动而言，理论和实践都表明，实现区域经济发展水平基本均衡的一个重要前提，是生产要素的自由流动和全国统一大市场的形成，人口自由流动相对稳定的时候，就是区域间人均 GDP 基本达到大体均衡的时候，而这在相当长的时期内，在我国是难以实现的[④]。

3. 主体功能区规划操作层面与解决方法方面

面对主体功能区规划存在的问题，有学者从各个角度进行了分析并提出了解决方案；也有学者涉及对主体功能区规划与其他规划或区划的关系探讨。[⑤⑥⑦⑧]

有学者通过区域管治理论研究和实践应用，建立一套协调和解决区域发展

---

① 方忠权．主体功能区建设面临的问题及调整思路［J］．地域研究与开发，2008（6）：29-33.

② 当前，我国的问题区域主要包括五类，即发展落后的贫困地区、结构单一的资源型城市、处于衰退中的老工业基地、财政包袱沉重的粮食主产区和各种矛盾交融的边境地区。

③ 魏后凯．对推进形成主体功能区的冷思考［J］．中国发展观察，2007（3）：28-32.

④ 樊杰．推进形成主体功能区，促进区域协调发展［N］．科学时报，2006-02-26（B1）.

⑤ 孙红玲．“3+4”：三大块区域协调互动机制与四类主体功能区的形成［J］．中国工业经济，2008（10）：12-21.

⑥ 张玉娴，黄剑．关于我国空间管制规划体系的若干分析和讨论［J］．现代城市研究，2009（1）：27-34.

⑦ 王利，韩增林，王泽宇．基于主体功能区规划的“三规”协调设想［J］．经济地理，2008（5）：845-848.

⑧ 汪劲柏，赵民．论建构统一的国土及城乡空间管理框架——基于对主体功能区划、生态功能区划、空间管制区划的辨析［J］．城市规划，2008（12）：40-48.

中各利益单元矛盾冲突行之有效的方法，为区域经济快速发展提供制度支持和措施保障，也为主体功能区及其配套政策高效落实提供基础保障①。区域管治的主要研究目标是在主体功能区划的空间基础上进一步深入研究各级政府职能、行政管理体制、决策民主化、区域开发战略模式、产业协调、区域政策的效应评价、企业与政府的利益博弈②以及各类主体功能区间的协调发展等问题。

另有学者总结出准确把握主体功能区建设中的“五大关系”：正确认识主体功能区战略与区域发展总体战略的关系；深入理解区域协调发展与科学发展的内涵；协调好政府与市场的功能；准确理解主体功能区与行政区的政策定位；明确主体功能区规划与其他各类规划的分工与融合③。学者也指出需要解决的“七大相关问题”：第一，主体功能区划分由哪个部门负责？政策资源从何而来？第二，在划分时以什么层级的行政区作为基本空间单元？第三，选择哪些指标来识别主体功能区？第四，主体功能区是否需要分层级？多大的单个区域是最适宜的规模？第五，同一类型区域是否需要在政策上同等对待？第六，如何确定定期调整机制？第七，主体功能区框架是否需要立法？④学者还指出“需要解决的几个问题”：主体功能区概念内涵、主体功能区划与相关规划的关系与衔接、区域发展政策保障、主体功能区划实践技术方法中争议较多的问题如划分单元、划分方法与指标等⑤。

4. 主体功能区规划制度构建方面

在具体制度的构建方面，有学者提出了主体功能区规划中的定期调整机制和横向生态补偿机制、绩效考核机制的构建以及主体功能区规划与现有区域发展战略和区域规划体系的相互关系及其协调等问题⑥⑦。

---

① 李铭，方创琳，孙心亮．区域管治研究的国际进展与展望［J］．地理科学进展，2007，26（4）：107-120.

② Newman. Changing patterns of regional governance in the EU［J］. Urban Studies，1998，37（6）：895-909.

③ 车文辉．准确把握主体功能区建设中的“五大关系”［N］．光明日报，2011-10-12（11）.

④ 张可云．主体功能区的操作问题与解决办法［J］．中国发展观察，2007（3）：26-27.

⑤ 吴箐，汪金武．主体功能区划的研究现状与思考［J］．热带地理，2009（6）：532-538.

⑥ 孙久文，彭薇．主体功能区建设研究述评［J］．中共中央党校学报，2007（6）：67-70.

⑦ 张胜武，石培基．主体功能区研究进展与述评［J］．开发研究，2012（3）：6-9.

在管理机构设置、职能分工方面，国家发展和改革委员会宏观经济研究院课题组建议，由发改委确定分类政策总的方向和要求，国务院各相关部门制定具体的政策、实施细则、条例，还应适时成立负责主体功能区规划的组织、管理、协调和评估的专门机构；中国科学院中国现代化战略研究课题组发布的《中国现代化报告2007》建议，设立类似于美国地区开发署这样的机构；有研究者认为将来成立一个由国务院总理直接领导的区域管理委员会，集中行使分散到各部门的区域管理职能①。

5. 主体功能区规划法治化方面

大部分学者，包括众多经济学者在论及主体功能区规划的实施时，一般会建议建立健全主体功能区规划的相关法律、法规，通过完善的法律法规，促使各项工作顺利开展，为主体功能区规划提供保障，尤其是针对那些事关人民生活和国家发展大局的方面，应尽快出台相关法律、法规，以强制手段保证主体功能区规划的顺利开展②③；或者从多方面建设良好的法律环境，满足省级主体功能区建设的内在和外在要求；④ 或者通过分析经济法与基本公共服务均等化（主体功能区规划的重要目标之一）在价值考量和利益追求等方面高度契合，得出经济法乃实现基本公共服务均等化之基本路径的结论⑤。

一些经济法学者从宏观调控法和主体功能区的基本理论出发，强调“实施主体功能区战略”有赖于一系列宏观调控措施的综合运用及相关法律制度的保障，并具体提出了宏观调控法对主体功能区调控的对策⑥⑦；有学者从提供环境法律保障、生态补偿法律制度的具体设计、财政转移支付法律制度重

① 陈默. 发改委宏观院报告：四大主体功能区初定［N］. 21世纪经济报道，2007-02-01（5）.

② 张杏梅. 主体功能区建设的政策建议［J］. 经济问题，2007（9）：51.

③ 童海华. 让主体功能区有法律效力——访中国区域经济学会秘书长陈耀［N］. 中国经济导报，2010-7-27（A02）.

④ 林丽. 新疆主体功能区建设的法律环境构建——基于环新疆经济圈视角［J］. 石河子大学学报（哲学社会科学版），2009，23（6）：15-18.

⑤ 阳建勋. 基本公共服务均等化之经济法路径［J］. 法学，2008（5）：117-126.

⑥ 刘子华，宏观调控法对主体功能区调控初探［J］. 山西经济管理干部学院学报，2009，17（1）：26-28.

⑦ 殷洁，屠世超. 实施主体功能区战略的宏观调控法思考［J］. 政法论丛，2012（2）：38-43.

塑等角度对主体功能区建设中的相关法律制度及具体构建进行研究，在主体功能区规划法治化方面做了初步探索①②③。

四、研究不足之处及展望

如上文所述，有学者，包括经济法学者已经开展对主体功能区规划的法治化研究，且取得了一些学术成果，但不足之处也是明显的。

（一）研究不足

如前文所述，当前法学界，特别是经济法学界对主体功能区规划法治化研究关注度不够，研究力度与深度尚显不足。学者们均从“硬法”角度出发，或是从宏观调控法角度，甚至是经济法学整个学科的角度进行宏观研究，线条过粗，显得空泛，立法体系设想方面过于理想化与烦琐，可操作性不强，缺乏现实指导意义；或从财政转移支付、生态补偿法律制度等角度进行微观研究，又显得体系化欠缺，难以形成制度合力。基于传统法概念的主体功能区规划法治化研究将主体功能规划中各种重要“软法”机制，如民主协商机制、绩效考评机制、利益补偿机制等排除在法治化之外，使之难以得到足够重视，发挥更大的合力作用。此外，由于主体功能区规划实践经验缺乏，在实证研究方面资料缺乏，实证研究空间往往局限于国家、省级主体功能区规划，有针对性的制度设计难以形成。

（二）研究展望

主体功能区规划的创制与实施是一项开拓性工作，国际上没有现成理论

① 雷雪．我国主体功能区生态补偿法律问题研究［D］．兰州：西北民族大学，2011.

② 白燕清．主体功能区管理环境法问题研究［D］．太原：山西大学，2011.

③ 倪志龙．主体功能区建设中的财政转移支付法律制度研究［C］//李昌麒．经济法论坛．北京：群众出版社，2010：541-553.

和方法体系照搬，但与此相关的理论和方法的探讨空间很大。经济法学者应当可以在主体功能区规划法治化研究方面大有作为。夯实主体功能区规划创制与实施的法理基础、推动相关立法、构建可行的实施机制、加强实施过程的监督、明确法律责任、完善救济途径等应当可以作为未来经济法学界重要着力点之一。

突破传统法概念，采用“软法”理论作为分析工具来进行主体功能区规划法治化研究，既重视主体功能区规划实施中的软法机制构建，又重视硬法机制保障，尝试建立“软硬并举，并行不悖”的混合法治理模式，可以作为研究主体功能区规划法治化的路径之一，值得我们结合主体功能区规划创制与实施实践去尝试、探索、总结。

五、研究思路与研究方法

（一）研究思路

首先，阐明主体功能区规划的软法定位及经济法属性；其次，从基础、保障、平衡、动力等四个方面论述了内在软法机制；最后，与软法机制相互补，阐释了外部硬法保障。在此基础上，提出了软硬法混合治理模式，进而勾勒出主体功能区规划法治化实现的路径。

（二）研究方法

1. 比较分析方法

本书借鉴了国外的区域规划及区域管理方面的经验，在空间管理及法律体系构建方面有所启示，将我国主体功能区规划法治化建立在对国外经验的总结的基础之上。

2. 历史分析方法

本书对中国区域发展战略及管理体系进行了历史性的回溯并探寻其发展规律，揭示制度的生成背景及与制度本身的关联。

3. 规范分析和实证分析方法

规范分析与“价值”有关，实证分析与“事实”相关。本研究构建了主体功能区规划“应然”的法治化体系，同时试图对国家与部分省市的主体功能区规划的创制与实施进行“实然”的考察，发现主体功能区规划创制与实施中症结所在，采取有针对性的对策。

4. 制度性的研究方法

通过中外、历史的考察，重点在于制度化的构建与反思，对于主体功能区规划法治化方面进行比较深入的探索与归纳。

六、可能的创新之处

（一）理论工具较新

本书以软法、经济软法、混合法等作为理论工具，用来全面构建主体功能区规划创制与实施的软法机制与硬法规制体系。

（二）思路较新

本书没有沿袭国内众多学者用一揽子立法来解决主体功能区规划创制与实施的问题，而是将主体功能区规划纳入“软法”范畴，同时重视“软法”机制，并使“软法”与“硬法”各得其所，发挥其应有的作用，实践指导意义较强。

（三）相关制度构建较新

本书在具体制度构建方面，重视主体功能区规划法治化构建，特别是从基础、保证、平衡、动力等四个方面全面构建了软法机制，增强了制度供给，能有力地指导实践；对主体功能区规划的“硬法”保障体系进行系统化的梳理；特别地，在如何保持主体功能区规划法治化状态方面，本研究首次在混合法治理视角下围绕主体功能区规划创制、实施、监督、责任追究、救济等方面进行制度设计，保证主体功能区规划法治化状态的最终形成与保持。

第二章　主体功能区规划的法律定位

如前文所述，静态的主体功能区规划是主体功能区建设的关键环节，其规定了主体功能区的概念，阐明了主体功能区划的指导思想，并在主体功能区的分类管理政策方面进行方向性的指引及提纲挈领的限定，是主体功能区“推进”“建设”与“形成”的重要依据。因此，厘清其法律属性极其重要，涉及其法治化状态及良善之治的实现，是研究主体功能区规划法治化的逻辑起点。

一、主体功能区规划是“法”

主体功能区规划是不是法？目前学界没有给出明确的回答，但对于规划的法律属性，有学者给予关注、分析并有学术争鸣。有学者将规划等同于法律，并认为规划是一部有中国特色的宏观调控法和经济法的来源①，其依据主要为规划产生的特殊程序。有学者提出，区域规划是国家计划法律制度的重要组成部分，主要职能是宏观调控、政策协调与预测指引②。有学者将规划、政策类型化，分析其法律属性，指出：不可回避的一个问题是，规划本身、政策与法之间到底是一种什么样的关系？答曰：在社会化市场经济法治条件

① 李曙光．用法治精神规划“十一五”［N］．南方周末，2006-02-16.
② 杨丙红，刘新跃．我国区域规划的法律问题研究［J］．学术界，2011（7）：104-109.

下，规划、政策不能脱法，规划、政策也是法[①]。有学者明确提出："规划具有法的基本特征，却以其特有的方式体现法的共性特征。"规划从规范性、普适性、程序性三个方面表现了作为"法"的形式特征[②]。

与此相反的是，有学者明确反对将规划之类列入法律的范畴，认为规划是政策，而政策与法律有清晰的界限，不具有法律属性，因此，认为《中华人民共和国国民经济和社会发展第十一个五年规划纲要》既不是法律，也不是具有法律性质的文件。同时，它与经济法有着根本的区别，不属于宏观调控法范畴[③]，其依据在于：规划不具有法律的规则性，其并无在社会主体之间配置的权利和义务，也不具有与权利和义务相一致的法律责任。作者主张应当从政策的角度审视规划与经济法的关系。尽管两者有"都追求实质公平和整体效率，都有主张政府有限干预，都坚持社会本位，通过政府的宏观调控活动实现宏观经济关系的平衡，都追求社会整体的和谐和宏观调控等"的共同点[④]，但两者在价值目标、内容、实施，特别在是否强制性方面有诸多区别。

当然，也有学者采取了折中的态度，认为："经济规划虽然不等同于我国的部门法律，但也具备法律效力，是法律性文件。"[⑤] 有的学者采取比较模糊的概念替代了法律属性的界定，将规划作为约束社会行为的"第二准则"[⑥]。有学者将经济与社会发展规划视为"政策和法律相耦合"的社会规范表现形式，并断定其对我国经济与社会发展发挥了积极的促进与指导作用，并从完善国家宏观调控体系的角度提倡完善与拓展这一政策与法律相耦合的形式[⑦]。

因此，作为规划的类型之一，主体功能区规划是否是"法"，关键点在于传统法的概念是否能够突破，如果固守"法律应当在社会主体之间配置权利

---

① 史际春. 论规划的法治化［J］. 兰州大学学报（社会科学版），2006，34（4）：1-8.

② 曾明，陈乃新. 论规划的软法属性及其硬法化［C］//吴志攀. 经济法学家. 北京：北京大学出版社，2007：150-156.

③ 薛克鹏. 论计划法的终结［J］. 社会科学研究，2007（3）：62-66.

④ 薛克鹏. 论计划法的终结［J］. 社会科学研究，2007（3）：62-66.

⑤ 颜运秋，范爽. 法理学视野下的中国经济规划［J］. 法治研究，2010（3）：12-20.

⑥ 杨伟民. 主体功能区"落地"需明晰"大棒"政策［N］. 21 世纪经济报道，2012-05-15.

⑦ 徐孟洲. 论经济社会发展规划与规划法制建设［J］. 法学家，2012（2）：43.

和义务”以及“具有强制性”的传统的法观念，主体功能区规划自不属于法律范畴。但当我们突破传统法的概念，引入“软法”概念之后，对公共政策等重新进行理论审视及类型划分，将会对主体功能区规划是否合法做出肯定的回答。

二、主体功能区规划的软法属性

（一）主体功能区规划的公共政策属性

何谓公共政策？广义上的公共政策（Public policy）包括了管理部门所提出的法令、措施、条例、计划、方案、规划或项目①。而区域政策（Regional policy）即以区域为作用对象与范畴的公共政策。区域政策与国家政策都属于公共政策的范畴②。主体功能区规划运用新的区域规划理念与政策，以各区域为作用对象与范畴，依照各地不同的“主体功能”对我国国土空间施以差异化的空间管治。其中，主体功能区规划的创制与实施必然要涉及差异化的区域政策。因此，公共政策属性是主体功能区规划的本质属性，主体功能区规划之技术属性是为政策属性服务的。

主体功能区规划作为公共政策，落实主体功能区规划的核心恰恰就是“9+1”的政策体系（“9”是财政政策、投资政策、产业政策、土地政策、农业政策、人口政策、民族政策、环境政策、应对气候变化政策；“1”是绩效评价考核，也算是一个政策）。这成为各级政府进行空间管治、实现公共服务均等化的重要依据。主体功能区规划的公共政策属性主要体现在：

1. 规划中政府机构及相关部门发挥主要的作用

这突出了主体功能区规划的政策属性，这集中体现为政府机关颁布实施

---

① 陈振明．政策科学［M］．北京：中国人民大学出版社，1998：59.

② 清华大学中国发展规划研究中心课题组．中国主体功能区政策研究［M］．北京：经济科学出版社，2009：2.

的区域经济政策，即政府旨在改善一国范围内经济的空间结构所制定公共干预的准则及其所有的公共干预行为，其目的是纠正市场机制所造成的国民经济空间结构的某些缺陷，以达到提高经济效率和实现社会公平的总目标①。这一点并不因为主体功能规划的多元化的主体参与而改变。

2. 规划的重点在于解决具有较强外部性、需要政府公共干预的问题

这突出了主体功能区规划的公共属性。区域规划公共政策属性的增强旨在更好地解决区域公共问题，维护与协调区域公共利益，通过强制性或引导性的政策对区域内的社会公共资源、利益进行合理的划分与配置②。主体功能区规划作为调节经济的形式，具有显著的社会公共性，重点在于解决资源利用与环境保护、区域协调发展、公共服务均等化、重大基础设施的布局等问题，其主旨在于维护社会整体利益，促进经济社会的整体发展、解决具有公共性质的社会矛盾、平衡社会性利益等。

3. 规划的权威性与强制性

因为以公共政策表述为主的区域规划可看作是公共政策具体化的一种形式，明晰的责任事权、有效的区域协调途径与法律保障体系则是公共政策的制度化、法制化，是保证区域规划实施时效性的重要方面③，具有不容怀疑的权威性和不可挑战的强制性。主体功能区规划是具有战略性、基础性、约束性的区域规划，适应其制定的程序性、合法性、权威性要求，当务之急是将主体功能区规划纳入法治化的轨道。

（二）公共政策是软法

一般认为，法律与政策泾渭分明，人们出于对政治干涉法律与生俱来的猜疑与恐惧，倾向于法律独立于政治，强调程序公平公正的制度设计。然而，

---

① 杨紫煊. 经济法［M］. 北京：高等教育出版社，1999：291.

② 张京祥，何建颐. 西方国家区域规划公共政策属性演变及其启示［J］. 经济地理，2010，30（1）：17-22.

③ 张京祥，何建颐. 西方国家区域规划公共政策属性演变及其启示［J］. 经济地理，2010，30（1）：17-22.

事实是法律本就孕育于政治，法律维持一种基本的秩序，政治则处于处理更复杂的社会活动过程。在政治生活中，人们往往无法将政策与法律完全剥离。认为“政策即法”固然有点草率，但将政策与法律（硬法）完全隔离，一味强调硬法的刚性作用，这将使“法律”仅仅停留在正式制度的层面上，无法成为“活法”[①]。“在法治社会中无视政策对法律的补充作用，毫无限度地推进政策法律化，妄图以法律替代各种政策，其最终将导致政策在法治社会中的消亡。”[②] 因此，政策的存在是必要的，即使是在法治社会，认识政策尤其是公共政策的法律属性，政策与法律在很多情况下有交集，做不到完全无涉。比如，有学者将政策界定为“尚未被整合进法律之中的政府政策和惯例”或“政府行动计划”，将政策作为法律的非正式渊源[③]。更有学者将某些政策直接认定为法，并指出“政策法案”的概念，此类“政策法案”模式成为熔铸政策、法律各自优势，推进法治化进程的新路径。“法案”强调政策的法制内涵和制定程式性，核心内容是公共政策的表现形式之一：国家政策[④]。由此可以看出，公共政策尽管不具有传统法意义上的形式，但公共政策与法律有千丝万缕的联系，某些时期甚至可以成为法律的替代品。其原因在于：在变革时期，旧的规范打破了，新的规范还未形成，也不可能在短期内迅速形成；即使政府颁布了法律，这些法律规范也不可能仅仅由于颁布就马上进入所有行动者的活动中，起到实际的规制作用[⑤]。硬法缺失及硬法实际规制作用羸弱的时期往往是公共政策发挥法律作用的重要时机。

但是，我们应当看到，公共政策与传统的法律毕竟不同。因此，我们在此引入“软法”概念，来统摄这些具有法律实际效力的公共政策。因为从主体和客体上、形式上、内容上、过程上、效力上看，公共政策是软法的重要

---

① 刘小冰，陈盛，宋伶俐．中国法政策的现实观照［J］．唯实，2008（8）：122-126.

② 屈振辉．试论公共政策法律化的限度［J］．兰州商学院学报，2007（6）：112-115.

③ ［美］E. 博登海默．法理学——法律哲学与法律方法［M］．邓正来，译．北京：科学出版社，2004：487.

④ 史际春，宋彪．规划、监管与中国经济法［J］．法学家，2007（1）：67-72.

⑤ 苏力．法治及其本土资源（修订版）［M］．北京：中国政法大学出版社，2004：123-124.

表现形式之一[①]。其表现形式一般为具有一定普遍适用性的规范性文件：全国人大及其常委会通过的法律之外的规范性文件，比如《国民经济和社会发展第十一个五年规划纲要》；中央和国务院及下属部门诸多指导文件，例如国务院制定的《全面推进依法行政实施纲要》；省级和省级以下地方政府及下属部门发布的"规章"之外的规范性文件[②]。因此，作为软法的公共政策是中国目前社会活动中重要的规范，对社会生活的各个领域起着实际的规制作用。国家、省级和省级以下地方政府及下属部门发布的主体功能区规划当属此类。

需要指出的是，公共政策与软法之外延并不等同，并不是所有的公共政策都能成为法。

本书认为，成为软法的公共政策的标准有二：

1. 公共政策具有可问责性

无论是软法硬法，责任范畴的强调不可或缺，这也是公共政策纳入法治轨道、成为软法的重要标准之一。有学者指出："缺乏责任范畴的法律学科是难以自足的，缺乏责任条款的法律规范是没有爪子的老虎。"[③] "不同政策主体各种体制内外的问责"也是政策能否法治化的表征之一[④]。因为，政策有"弹性大，易与人治合流的弊端"，但在法治条件下，政策与法并非不兼容，只不过能否成为软法有其限定的条件，因为，依法治的要求，任何政策的制定、推广、执行及其主体都应当具有可问责性[⑤]。也就是说，相关机关及其首长和工作人员在角色定位及其权义设置合理、明确的基础上行事，拟订、实施政策，接受来自体制内外包括公众自发批评究问在内的各种问责，经不起

---

① 张睿．软法与公共政策［C］//罗豪才．软法的理论与实践．北京：北京大学出版社，2010：150-156.

② 程信和．硬法、软法与经济法［J］．甘肃社会科学，2007（4）：219-226.

③ 吕忠梅，陈虹．经济法原论［M］．北京：法律出版社，2007：219.

④ 史际春．关于我国的竞争政策：法和政策分析［N］．国际商报，2009-10-13.

⑤ 问责制（Accountability system）近年来在国家得到加强，它与经济法宏观调控法治十分契合，其首先追溯政府公共管理主体的角色及其权义设置，也要求承担相关职责的主体及其首长不断地对议会、选民和公众做出种种解释和说明，最终更要落实为违背角色要求所应承担的各种不利的法律后果，包括撤职、责令辞职等行政或党政处分（软法），责令停止、赔偿等民事责任，乃至刑事责任、宪政责任等。参见：史际春，肖竹．论分权、法治的宏观调控［J］．中国法学，2006（4）：158-168. 本论文第五章将有详细论述。

问责的则承担相应的行政、刑事、民事等法律责任①。这样的公共政策才不至于脱法，成为软法的表现形式之一，且能与硬法意义上的“法律责任”相通，这样方能发挥法律效力，在协调、博弈、修正中达到理想的治理目标。

2. 虽不具有法律形式却具有法律效力

这也是软法的内涵的要求：“‘软法’是指那些效力结构未必完整、无须依靠国家强制保障实施，但能够产生社会实效的法律规范。”② 公共政策一般都不具有法律形式，但有的公共政策却“能够产生社会实效”。以是否具有法律效力为依据，公共政策可以分为政策型软法及一般政策。“在现实生活中，确实存在大量的不具有法律形式却具有法律效力的政策，我们可以把它们称作政策型软法。”③

主体功能区规划虽不具有法律形式，但具有可问责性，各主体功能区规划也“具有法律效力”，因此，作为公共政策的主体功能区规划属于软法的渊源之一。

三、主体功能区规划的软法性特征

软法与硬法具有共同之处：必须遵循宪法的框架；必须遵循共同的法律价值与法治原则，都是为实现法治环境而服务，但有其独特之处：“软法是由国家制定或认可的，行为模式未必十分明确，或者虽然行为模式明确，但是没有规定法律后果，或者虽然规定了法律后果，但主要为积极法律后果的规则体系，这些规划只具有约束力，其实施不依赖国家强制力保障，而是主要依靠成员自觉、共同体的制度约束、社会舆论、利益驱动等机制。”④ 有学者归纳了软法以不同于硬法的方式体现公共性、规范性、普适性等共性特征，

① 史际春，肖竹．论分权、法治的宏观调控［J］．中国法学，2006（4）：158-168.

② 罗豪才．法与公共治理［M］．北京：北京大学出版社，2006：49.

③ 梁剑兵，张新华．软法的一般原理［M］．北京：法律出版社，2012：110.

④ 姜明安．行政法论丛［M］．北京：法律出版社，2008：3-4.

同时也论述了软法严格区别于硬法的个性特征，诸如制度安排富有弹性、不能依靠国家强制力保障实施、非司法中心主义、法律位阶不甚明显以及载体形态的多样化与文本叙事方式的独特性等①。有学者更是专注于经济领域论述软法的特征，如将经济领域软法的特征归纳为以下八个方面：形成主体的多元性；形成程序的开放性；载体形态的多样性；规范结构的随意性；效力位阶不明显；机构化或组织化；实施方式的非国家强制性；救济方式的非司法中心主义②。再如，界定经济领域方面的软法为国家法之外的，与国家法类似，具有规范性、公共性、权力（权利）性和约束力的行为规则。任何规则都必须同时具备此四个特征要素③。本书将软法特征归纳为：创制主体的多元性、制定程序的开放性、实施方式的非强制性、价值取向的民主性、运行过程的效率性等特征。

作为软法的主体功能区规划是公共治理理论的新实践，主体功能区规划全程关注基本公共服务均等化、环境保护、资源综合利用、区域协调平衡以及重大基础设施的布局，在创制与实施过程中提倡多元化主体参与、民主协商，并体现程序开放性、原则引领性、可操作性、可接受性等理念；而软法强调的平等双赢、合作共治、柔性管理、利益驱动、组织自律等特征，两者具有高度的契合之处。主体功能区规划的创制与实施主要具有如下软法性特征，其决定了主体功能区规划的具体制度架构，也决定了主体功能区规划区别于硬法的法治化方式。

（一）创制方式与制度安排富有弹性

软法推崇柔性治理，作为软法的主体功能区规划在我国国土空间开发起到的是战略性、基础性和约束性地位，纵观国家、省级主体功能区规划文本，

---

① 罗豪才，宋功德．软法亦法——公共治理呼唤软法之治［M］．北京：法律出版社，2009：369.

② 朱国华，倪天伶．经济软法论纲［C］//北京市法学会．中国经济法三十年．北京：中国法制出版社，2008：295-296.

③ 程信和．软法真谛论纲——主要以经济领域为视角［C］//中山大学法学理论与法律实践研究中心．中山大学法律评论（第7辑）．北京：法律出版社，2009：92.

其内容规定往往相对原则、抽象，如，全国主体功能区规划文本中“原则”达 49 处之多；制度构建也相对笼统、灵活，如，全国主体功能区规划文本中“六编十三章”中大都为建议指导性、激励诱导性、目标宣示性规定，较少作具体制度规定。此外，根据荷兰和日本的经验，主体功能区划不会是一成不变的，其会随着经济社会发展状况的改变而适时调整，禁止开发区相对稳定，但优化开发区、重点开发区、限制开发区有可能会发生比较大的变化，体现出一定的动态性，需要适时调整，在创制方式与制度安排上要保持一定的弹性。其实，主体功能区的形成不会一蹴而就，其本来就是个复杂的循序渐进的过程，是一个长期的量变到质变再量变的过程。这一过程会伴随着国家区域政策的调整与完善、政府与市场职能的分工与优化、市民社会的逐渐形成以及各种 NGO 参与民主协商不断加深，同时也是一个和外部不断进行信息交流，寻求合作与共赢的过程。主体功能区管治呈现出自主的、民主的、开放的、动态的状态，其创制方式与制度安排具有明显的弹性和适应性并在开放动态的过程中不断调整和优化，逐渐臻于一种开放的良治状态①。

（二）创制和实施具有更高程度的协商民主性

软法适应公共治理实践，强调创制与实施主体多元、过程开放、结果双（多）赢，强调利益主体充分博弈，合理充分表达自己的诉求。主体功能区规划在创制与实施过程中，各创制与实施主体往往即为利益主体：包括中央与地方各级政府、市场主体（主要是企业）、NGO、公民个体等，作为软法的主体功能区规划崇尚各利益主体的反复民主协商，广泛征求、充分尊重专家和公众的意见，及时回应社会与公民个体的质疑，将规划创制权、实施监督权回归至社会公权力手中；在充分民主协商的基础上为异质区域相应制定分类政策，加强分类指导与约束，及时回应复杂多变的经济社会发展。

① 朱传耿，马晓冬．关于主体功能区建设的若干理论问题［J］．现代经济探讨，2007（9）：46-49.

（三）实施方式的非国家强制性

实施方式的非国家强制性是软硬法形式划分的分水岭。软法通常不具有国家强制力，而是社会强制力，当相关行为主体违反了软法，一般不会由国家机关出面强制实施，往往会受到舆论谴责、利益共同体“出局”以及纪律制裁等形式的处罚。实施层面上，软法约束更多地依靠自律和社会舆论影响力等开放协调机制发挥作用。其表现在：制定主体一般不是国家，即不能由国家强制实施；共同体成员自愿达成的协议或契约，主要靠每个成员自觉遵守，无须强制；对违背者的责任追究主要靠舆论的谴责和纪律的制裁，甚至被共同体开除等①。

作为软法的主体功能区规划对于规划相关利益主体具有约束力，但其很难直接运用国家强制力加以约束、保证实施，多数情况下主体功能区规划相关主体会在社会舆论、组织自律等压力下自觉遵守；此外，利益驱动等激励机制常常被用来为主体功能区规划相关主体的“正向”行为提供动力，虽为软约束，却可推动规划目标的实现。

（四）效力实现的非司法中心主义

软法效力的实现是“非司法中心主义”的，也就是说其软法效力的实现并不以司法适用为主，而是依靠主体自愿遵守、服从以及接受社会共同体约束来实现，往往依赖“被谴责—丢面子—出局”施加压力来实施，违反软法的主体往往必须承担“出局”的责任后果。

作为软法的主体功能区规划不排斥司法适用，但其效力的实现往往依赖于社会强制力的外在彰显、国家强制力的暗示影响两方面的交互作用，往往体现为相关行为主体的自愿服从或者习惯性服从。此外，与硬法重视事后的司法救济不同，主体功能区规划更注意事前与事中的引导，重“实施”而非“司法适用”环节。相关主体（各级政府）会迫于绩效考核与政绩评价机制

---

① 姜明安．软法的兴起与软法之治［J］．中国法学，2006（2）：25-36.

所带来的“谴责—丢面子—出局”的压力，自觉、认真地创制、实施主体功能区规划。

以区域合作中的政府协议为例，其强制力不是来源于国家的强制力，而是来源于相互的信任与利益纠葛，任何一方都没有根据协议获得司法保护的权利。这种平等的行政机关在民主协商的情况下通过充分博弈签订的对等性政府协议，具有强制力与约束力，但明显不是来源于法律对某一方利益的肯定，而是首先体现为任何“利益共同体”成员不得随意单方解除或终止或违反该政府协议，在极端情况下至多退出，否则就有可能面临承担协议规定的违约责任：如成员资格的丧失、各领域合作的中止或中断、其他合法的制裁等；其次体现为成员方内部的压力机制和信用机制，就是成员基于对区域的责任和信用原则所产生的自我约束力。但是可以肯定地认为，政府协议所产生的纠纷是不能通过司法途径、通过诉讼解决的①。

四、主体功能区规划的经济法属性

澄清了主体功能区规划的法律属性及特征之后，结合上文论述，我们必须看到，经济法与公共政策以及软法具有深刻的关联，可以说，经济法制度的形成，与经济政策是不可分割的。有学者指出：“经济法……具有很强的‘政策性’，这是以往的传统部门法所没有的。由于现代社会是一个分工复杂、变化多端的社会，从而对经济运行效率有更高的要求，而法律本身却有相对的滞后性，因此，能够灵活地及时应对各种复杂问题的经济政策，便得到了广泛的重视和运用。”② 因此，经济法的“政策性”是我们理解主体功能区规划这一公共政策的着眼点之一，同时我们有必要进一步探究主体功能区规划的经济法属性，唯此，才可有的放矢，有针对性地运用现有的经济法学理论

---

① 范利平．区域经济合作中的政府协议［C］//游劝荣．区域经济一体化与权益保障研究．北京：人民法院出版社，2007：84-88.

② 张守文．经济法理论的重构［M］．北京：人民出版社，2004：235.

进行相关理论研究及进行法治化实践，从而进一步丰富经济法学理论与实践。

（一）主体功能区规划调整对象是经济法调整对象的细化

法律的调整对象决定法律规范的法律部门。我国经济法的调整对象包括经济管理关系、维护公平竞争关系、组织管理性的流转和协作关系等三类[①]。其中，经济法调整的经济管理关系是指国家作为管理主体在管理经济过程中形成的物质利益关系，其包括宏观和微观层面，规划属于宏观层面的经济管理关系。

主体功能区规划的定位在于战略性、基础性、约束性规划，是各级政府作为管理主体依照不同的“主体功能”对于我国国土空间的统筹划分与分类管治，其调整对象是不同区域之间协调发展过程中的物质利益关系，是经济法调整对象的细化。为实现区域协调发展、基本公共服务均等化，保持经济平稳快速发展，进而“推进形成”不同的主体功能区的规划目标，主体功能区规划据此通过制度设计，对于区域之间的物质利益关系进行调整与平衡，如基本公共服务均等化就是国家应为人们做的事情之一，经济法应当调整国家在提供基本公共服务过程中形成的经济关系。政府在提供基本公共服务过程中形成的经济关系是经济法的重要调整对象之一[②]。因此，作为经济法调整对象的细化，个体（区域、公民个人、企事业单位等）利益与社会公共利益之间的划分、博弈、补偿是主体功能区规划的重点调整对象。

（二）主体功能区规划与经济法理念的契合

经济法理念是带有统摄性的范畴体系，是带有强制的指向性，是经济法研究工作的重要指南。有学者认为，经济法理论涵盖人本主义、实质正义、社会本位、可持续发展、适度干预理念[③]。主体功能区规划以科学发展观为指导，其价值目标、核心范畴与经济法的理念是高度契合的，主要表现在：在

① 史际春，邓峰．经济法总论［M］．北京：法律出版社，2008：39.

② 王全兴．经济法基础理论专题研究［M］．北京：中国检察出版社，2002：125.

③ 李昌麒．经济法理念研究［M］．北京出版社，2009：6.

价值目标方面，对于实质正义与效率的兼顾；核心范畴同样是对于社会公共利益的维护。

1. 价值目标：实质正义与效率的兼顾

我们知道，经济法的发展是以现代社会大生产条件下的市场经济的发展为背景的，重视对效率的追求自不必言，其与传统法律的不同之处在于不单纯强调起点或机会公平或社会效率，“经济法是从超越民法界限的地方发展起来，它较之民法更注重实质的正义和公平”①。这种（实质）正义观摒弃了形式正义理念，从主体地位是否实质平等的角度分配权利和义务。在传统平等的基础上，实质正义认识到主体的特殊性，根据强弱有差别地分配权利和义务②，是经济法追求的重要价值目标之一。

主体功能区规划的价值目标与经济法是相契合的，既体现实质正义，又体现社会效率，效率优先，兼顾实质公平。首先，主体功能区规划主张集约与规模发展，引导产业相对集聚，人口相对集中，打造以若干城市群（如安徽的江淮城市群）为主体，其他城镇星罗棋布的城镇化布局；尊重自然，确保生态安全，提高土地、水、气候、矿藏等资源的利用效率，从可持续发展的角度增强社会效率。其次，主体功能区规划以结果公平的方式体现实质公平正义。主体功能区规划的实质恰是差异化条件下的区域协调发展，四类主体功能区的划分即是认可了区域之间的差异，默许了不同的功能区对国家整体的贡献程度与贡献方式的不同，但本着结果公平的原则，通过主体功能区规划的创制与实施，特别是对财政转移支付制度（包括一般性财政转移支付、专项财政转移支付两类）、生态补偿机制（包括纵向与横向两类）等制度的实施，向部分“主体功能区”“倾斜”，实现区域之间、城乡之间、陆海之间的统筹协调发展。要使生活在任何主体功能区的居民在生存、发展过程中不会受到不公平的对待，而应使其在不同的主体功能区都能享受大致相同的基本公共服务，能公平地分享国家增长和发展的增量利益。

---

① ［日］丹宗昭信，厚谷襄儿．现代经济法入门［M］．谢次昌，译．北京：群众出版社，1985：59.

② 薛克鹏．《十一五规划》的经济法解读［J］．法学杂志，2007（1）：61-64.

2. 核心范畴：社会公共利益的维护

至于如何达致实质公平正义，核心在于通过公共意志的行使，并通过社会整体利益和个体利益的协调加以实现。法国思想家卢梭曾就“公意”作如下论述：“如果我们撇开社会公约中一切非本质的东西，我们就会发现社会公约可以简化为如下的词句：我们每个人都以其自身及其全部的力量共同置于公意的最高指导之下，并且我们在共同体中接纳每一个成员作为全体之不可分割的一部分。”① 因此，“社会公约”的主旨当为“公意最高”，这是符合社会历史发展规律的。但是，由谁来代表“公意”呢？政府似乎是“公意”的天然代表者，但企事业单位、NGO、公民个体形成的其他共同体往往也能够成为“公意”的代表者。还须指出，除“公意”外，少数人的或者部分人的合法权益同样必须维护，“公意”并不能完全替代、更不能否认“私权”②。在时有矛盾的个体利益与社会整体利益的关系处理上，经济法具有独特的优势，由此，有学者提炼出经济法理念的基石范畴为整体利益、社会利益与个人利益的矛盾③；有学者认为经济法理念的核心内容是社会整体经济利益的实现，其表现为经济法是公私交融、社会本位法，是平衡协调、综合调整法④。与此相关，经济法学提出了“社会本位”的理念，主张经济法应当是以社会整体利益为中心和起点，据此在个人与社会之间安排各自的权利和义务。经济法学界还从公共的视角提出了“社会公共性经济管理说”，即经济法是调整发生在政府、政府经济管理机关和经济组织、公民个人之间的以社会公共性为根本特征的经济管理关系的法律规范的总和⑤。因此，经济法并不强调对私权或公权的单向维护，而是强调以社会公共利益为价值取向，通过对私权和公权的平衡协调，实现社会整体公平和整体效益的价值目标⑥。这是经济法相

① ［法］卢梭．社会契约论［M］．何兆武，译．北京：商务印书馆，2002：24-25.

② 程信和．硬法、软法与经济法［J］．甘肃社会科学，2007（4）：219-226.

③ 蒋安．经济法理论研究新视点［M］．中国检察出版社，2002：25-36.

④ 史际春．经济法总论［M］．北京：法律出版社，2008：153.

⑤ 肖江平．中国经济法学史研究［M］．北京：人民法院出版社，2002：291.

⑥ 张永忠．和谐社会视域下经济法的公共治理之道——我国经济法治现象变迁的理论解释［J］．学术研究，2007（10）：45-49.

对于民法和行政法的优势所在。

主体功能区规划是公共治理的新实践，而“公共治理模式主张公益与私益唇齿相依，在兼顾公益和私益的基础上实现社会整体利益的最大化”[①]。主体功能区规划体现了社会本位的思想，特别强调对社会整体公共利益的重视和维护，这与法律的目标是契合的，因为法律的首要和主要目标是公共幸福的安排[②]。这与经济法的核心范畴也是高度契合的。主体功能区规划一方面通过设定逐步实现不同区域、城乡人民以及不同“主体功能区”之间能享有均等化的基本公共服务等社会公共利益目标，并运用相应手段保证目标实现；另一方面，尊重个体自由和权利的基础：主体功能区规划强调以人为本、完善制度设计，保证公民个体政治上自由有序参与主体功能区规划的创制与实施，以及对于主体功能区规划成果的充分享有。

（三）主体功能区规划与经济法均发挥政府与市场的合力

经济法始于“市场失灵”与“政府失灵”双重困境的克服，主体功能区规划的创制与实施同样需要克服这两种“失灵”，其创制与实施需要发挥市场与政府的各自优势并协同作用，同时克服各自的弊端，确保主体功能区规划目标的实现。

1. 市场失灵与政府失灵

曾几何时，作为最有效的资源配置机制，市场的作用备受青睐，并为19世纪欧洲和北美洲大多数国家的资本主义经济成就所证明。曾有一些学者认为，完全竞争的经济与竞争的市场，可以达到最好的经济效益。然而市场经济的实践表明，不存在完全竞争的市场，由于公共产品供给不足、外部效应、自然垄断、信息不对称等原因，会导致“市场失灵”的情形，使市场机制低效，不能发挥有效作用，需要通过政府干预或公共政策，来提高效益[③]。由

---

① 罗豪才．软法与公共治理［M］．北京：北京大学出版社，2007：21.

② ［意］托马斯·阿奎那．阿奎那政治著作选［M］．马清槐，译．商务印书馆，1997：106.

③ 清华大学中国发展规划研究中心课题组．中国主体功能区政策研究［M］．北京：经济科学出版社，2009：78.

此，人们认识到，市场不是万能的，市场机制也固有许多自身不可克服的缺陷，以致在资源配置上失灵和失效，即不能或难以实现资源的高效配置，这已为19世纪末经济的发展，特别是同期性经济危机所证明①。究其原因在于个体理性与公共理性的冲突，因为从个体的角度来看合适的行为，但从公共的角度来看则未必，在某些时候甚至必须控制个体的行为以维护公共利益。此时，政府被寄希望于调控个体利益使其满足公共利益的需要，避免个人因追求个体利益而损害公共利益。此时，政府堂而皇之地被“应邀”介入、干预市场经济与竞争。正如英国著名的法学家L. D. 韦德所说，在200年前，人们希望国家不要压迫他们；在100年前，人们希望国家给他们更多的自由；而在今天，人们则期待国家为他们做些事情②。

许多市场经济国家的经济发展实践表明，为解决“市场失灵”困境的政府干预，在促进资源有效配置、促进实质公平、调控国家整体宏观经济稳定与增长方面，确实发挥出巨大的作用。但是，正如市场不是万能的一样，政府同样也不是万能的。“政府的缺陷至少与市场一样严重”③ 亦即“政府失灵”，其原因在于存在于政治系统的四个普遍特点：直接民主、代理制政府、官僚主义的存在及实施地方分权④。其核心在于，“政府以公共利益为现实的存在依据，以供给和维护社会秩序为根本目标，政府的基本价值在于创造一个和谐稳定的社会秩序，但政府产生后，政府的公共性始终有来自政府自主性的威胁”⑤。因此，需寻求对两种失灵的双重困境的克服方案以及发挥市场、政府合力的最佳平衡点。

2. 经济法对两种失灵的双重困境的克服

我们在政府与市场两种失灵的困境时，“在大多数情况下，并不是站到市

---

① 王全兴．经济法基础理论专题研究［M］．北京：中国检察出版社，2002：80.

② 李东方．近代法律体系的局限性与经济法的生成［J］．现代法学，1999（4）：17.

③ ［美］詹姆斯·M. 布坎南．自由、市场与国家——80年代的政治经济学［M］．平新乔，莫扶民，译．上海：上海三联书店，1989：28.

④ 清华大学中国发展规划研究中心课题组．中国主体功能区政策研究［M］．北京：经济科学出版社，2009：78.

⑤ 潘弘祥．公共政府、法治政府与和谐社会［C］//何家寿．法学前沿（武汉法学文集2006年卷），武汉：武汉大学出版社，2007：47.

场一边或站在国家一边的问题，而是在两者的各种结合和两种资源分配方式的不同程度之间进行选择的问题"①，为既能克服市场的固有缺陷，又能矫正政府失灵，经济法学恰能担此重任，优于强调意思自治的民商法。一方面，在解决市场失灵方面，经济法作为国家调节、干预、管理经济之法，首先是以对"市场失灵"的克服为前提的，使市场在社会资源配置中发挥决定性作用，同时市场又能在法律支撑下有序运行。民商法虽也能在一定程度上克服"市场失灵"，但其运行机理在于依赖市场机制的自我克服和调整，滞后性是最大的问题。经济法以增强整体经济效益为目标，运用政府对市场的介入、干预与规划，克服市场自由竞争带来的缺陷，形成实质公平和维护市场自由竞争，改变市场失灵的状态。另一方面，在解决政府失灵方面，经济法为解决政府与市场的矛盾提供了法律依据，它既肯定政府的正当安排，又防止过度或不当干预，是政府干预和干预政府的基本法律形式②。这又有助于对政府失灵的克服。

相比较而言，对于政府失灵的经济法规制更为重要，因为政府行为具有强制性和非效率性，如果不用完善的法律法规来规范政府的行为，那么就很难保证政府行为的科学有效性，而且很容易成为市场机制的对立面③。因此，为实现我国区域管理的法治化，有学者在经济法范围之内提出"区域经济法"的范畴，其目的即在于经济法为克服区域经济的市场失灵特别是区域经济的政府失灵，为区域经济协调发展和可持续发展提供制度保障④。

3. 主体功能区规划与"两个失灵"

主体功能区战略，是一项带有全局性、约束性的国家国土空间治理战略，在主体功能区"推进"与"形成"过程中，同样会面临"市场失灵"与"政

① ［法］让—多米尼克·拉费，雅克·勒卡荣．混合经济［M］．宇泉，译．北京：商务印书馆，1995：20.

② 李昌麒．论市场经济、政府干预和经济法之间的内在联系［C］//杨紫煊．经济法研究（第1卷），北京：北京大学出版社，2000：79-80.

③ 陈宣庆，张可云．统筹区域发展的战略问题与政策研究［M］．北京：中国市场出版社，2007：170.

④ 徐孟洲．论区域经济法的理论基础与制度构建［J］．政治与法律，2007（4）：2-9.

府失灵”的双重困境。因此，要充分发挥市场与政府的合力，主体功能区规划既需发挥市场在配置资源中的主要作用和政府的积极作用，又要充分认识到市场和政府的消极作用，并相应做出具体的制度安排。

一方面，就市场而言，经济发展的内在规律决定了资源配置的最佳途径和投资的动力属于市场，但须同政府对于主体功能区规划涉及的市场行为的鼓励、引向、限制、禁止等制度构建相配合，在两者之间要寻找一个较佳位置的结合点，形成合力。因此，主体功能区规划基于其“全局性”“引导性”，往往以划定规划蓝图的方式，以激励为主要手段，引导各市场主体以政府预设的活动空间与活动方式自由、有序地运行。比如，优化开发区的产业以及优化产业区向重点开发区的产业转移等都应该是一种市场行为，而不主要依赖政府的安排；在人口转移方面，政府强制性地进行大规模的异地迁移往往效果不好，利用重点开发区与优化开发区提供的大量合适的就业机会吸引迁出地人口自然流动往往效果更为理想。

然而，正如上文分析的那样，市场也有失灵的时候，个体理性缺乏而公共理性不足的市场主体往往以个体的利益为导向，有意无意忽略了社会公共利益，这需要政府出面干预，发挥“约束性”“强制性”。其实，主体功能区规划的创制和实施一直有政府的参与，政府在规划方面的优势明显，“在现代世界里，政府完全可以很好地从事广泛的经济活动，包括调整收入和财产的分配，处理外部经济和外部不经济，对付结构上的不可分性，维持经济的普遍稳定”①。仍以人口迁移为例，如果不可能也没必要实行大规模的人口迁移，那么主体功能区划所追逐的价值目标就不是市场力量自己可以做到的资源合理配置，而是政府对市场失灵的干预——运用政府手段进行再分配，实现区域之间的协调发展②。如果必须进行人口迁移，要运用政府手段，处理好迁移人口的补偿与安置，当然这只是一种暂时措施，最重要的是政府出面，设计出合适的人口政策，解决好户籍问题，方有可能形成人口的自然流动机制。

---

① ［美］詹姆斯·米德．效率、公平与产权［M］．施仁，译．北京：北京经济学院出版社，1998：49-50.

② 丁四保．中国主体功能区划面临的基础理论问题［J］．地理科学，2009，29（4）：587-592.

另一方面，就政府而言，因为国土空间是公共资源，作为经济社会发展的“有形之手”，政府理应在国土空间治理中占据主导地位。作为全国国土空间的功能定位、发展规划，各级政府在主体功能区规划方面具有重要的作用，四种不同的主体功能区类型的划分，使得不同的主体功能区之间具有更强的功能互补性、发展关联性。政府作为重要的支撑力量，需要完善财政转移支付、生态补偿、绩效考核等机制来支持、鼓励、引导各主体功能区，特别是限制开发区和禁止开发区的发展。

与“市场失灵”一样，政府也会“失灵”。由于政府对自身利益的追逐以及随之而来的投资冲动，政府有时会自己破坏自己制订的规划，如为不满足条件的外商批地、放宽环保责任，空间管制强制力不足等。因此，单纯地依靠政府，主体功能区规划的目标难以形成。虽然政府在主体功能区规划的创制和实施过程中发挥重要的作用，但我们始终要将市场这一“无形之手”作为资源配置中的主要力量来对待，毕竟，经济增长的最初与最终的动力是市场。

因此，主体功能区规划实施过程中也会面临“市场失灵”与“政府失灵”的双重困境。这需要精心进行制度设计，既发挥市场对资源和要素配置的主要作用，又能充分发挥政府的宏观调控功能，最大限度地解决“两个失灵”，发挥“有形之手”与“无形之手”两者的合力。

（四）主体功能区规划与宏观调控

宏观调控就是“政府为实现社会总需求与社会总供给之间的平衡，保证国民经济持续、稳定、协调增长而运用经济的、法律的和行政的手段对社会经济运行的调节与控制”[①]。按照我国国民经济与社会发展制定的基本状况，可以将宏观调控关系分为国民经济宏观调控关系和社会发展调控关系[②]。传统经济法学观点认为，宏观调控法与市场规制法是经济法的两个主干组成部分，前者“是指国家在调整国民经济运行，调节和控制宏观经济活动过程中发生

① 徐孟洲．论经济法与宏观调控［C］//李昌麒．中国经济法治的反思与前瞻．北京：法律出版社，2001：42.

② 王继军，董玉明．经济法［M］．北京：法律出版社，2006.

的社会经济关系的法律规范的总称”①；亦有学者称之为“宏观引导调控法”，“是调整国家对社会经济宏观引导调控中发生的各种社会关系的法律规范的总称”，宏观引导调控影响社会经济的全局，其措施的适用具有广泛性和普遍性②。史际春教授基于对“宏观调控法”作为经济法组成部分之一的体系化本身的依据方面的质疑，认为学者为了维护先入为主的“宏观调控法”，而将学术意义上的“宏观调控”有意无意地混同于大众心理或生活语言的“宏观调控”，从而否定了“宏观调控”。因此，宏观调控是必需的，宏观调控也不能脱法，应当将其纳入法治轨道，但是必须摒弃否定宏观调控的“宏观调控法”③。本书采用此观点，不主张生硬地将主体功能区规划划入“宏观调控法”的范畴之内，但并不否认主体功能区、主体功能区规划与宏观调控的关系。

目前理论界公认的我国相对完整的宏观调控体系是由计划、财政、金融三个部分组成。在这个体系中，计划（后来改为规划）处于核心地位，为宏观调控确定基本方向、原则、目标和方针，“综合协调宏观经济政策和经济杠杆的运用”，是各宏观经济管理部门制定政策、目标和采取行动的主要依据④。体系中财政、金融既指财政、金融政策本身，又指税率、利率、价格和工资等财政、金融政策工具和具体的调节手段，所以有的学者认为宏观调控体系应当包括计划、经济政策和各种具体的调节手段⑤。2006 年，《十一五规划纲要》中首次摒弃沿用多年的“计划”，而以破除计划经济色彩的“规划”代替，对于此种改变，大多数学者肯定了其积极意义：“从计划改为规划，绝不是简单的用语的改变，而是反映了经济体制的重大变化、管理制度的重大变化。”⑥ 然而，有学者认为：“改计划为规划的最重要的意义，是我们主观上

① 李昌麒，刘瑞复．经济法［M］．北京：法律出版社，2004：138.

② 漆多俊，冯果．经济法学（第三版）［M］．湖北：武汉大学出版社，2011：344.

③ 史际春，肖竹．论分权、法治的宏观调控［J］．中国法学，2006（4）：158-168.

④ 陈国川，杨成，尹明．我国国民经济和社会发展规划纲要的法律地位研究［J］．北方经济，2003（1）：42-43.

⑤ 漆多俊．经济法基础理论（第三版）［M］．武汉：武汉大学出版社，2000：350-364.

⑥ 颜运秋，范爽．法理学视野下的中国经济规划［J］．法治研究，2010（3）：13.

期盼并且希望在实践中能够同计划经济彻底划清界限"[①]，计划的性质并没有改变，"计划与规划本无实质区别"[②]。

鉴于计划与规划的联系与区别，主体功能区规划当属宏观调控体系中"计划"的范畴，是政府实施宏观调控的有力手段，其在宏观调控体系中居"龙头"地位；其本身作为一种宏观调控的方式，同时还可以对其他的宏观方式加以协调，因而是一种更具有综合性的、更高层次的宏观调控（法）[③]。从认识基础上看，主体功能区规划主张通过各区域利益关系的宏观调控，实现宏观经济平衡，追求社会和谐，与宏观调控法律的终极目标相同；从实施原则上看，宏观调控法律的基本原则有三：国家责任原则、计划指导原则、经济民主原则，而国家责任原则恰是主体功能区规划进行空间合理管治、调整各区域之间经济社会利益关系的逻辑起点。因此，主体功能区规划本身就可以说是一部中国特色的宏观调控法律（区别于未能分权、实现法治的"宏观调控法"），是经济法的重要来源，其重要目标在于区域协调发展，其法律调整的对象就是"主体功能区"。有些学者将"主体功能区规划"作为宏观调控法律的调整范围，这固然没错，但不应忽视主体功能区规划本身的法律属性及部门法属性，因为这样不利于主体功能区规划地位的提升以及主体功能区规划目标的最终实现。

五、小结

正如有的学者所言，中国经济法正走上公共治理之道。[④] 主体功能区规划隶属于经济法范畴，是一部重要的宏观调控法律，其创制与实施又是公共治

---

① 史际春．论规划的法治化［J］．兰州大学学报（社会科学版），2006，34（4）：1-8.

② 史际春．规划如何法治［C］//中国人民大学经济法学研究中心．2006 年中国经济法治论坛首届学术研讨会"十一五"规划与中国经济法论文集，2006：1.

③ 漆多俊，冯果．经济法学（第三版）［M］．湖北：武汉大学出版社，2011：364-365.

④ 张永忠．和谐社会视域下经济法的公共治理之道——我国经济法治现象变迁的理论解释［J］．学术研究，2007（10）：45-49.

理的新实践，而公共管理呼唤软法之治；又加之主体功能区规划本身与“软法”的特征高度契合，因此主体功能区规划可以归入“经济软法”范畴[①]。下文拟从经济法与软法相耦合的角度，梳理主体功能区规划内在的软法机制、外部的硬法保障，最终实现主体功能区规划的法治化状态。

① 此概念较新，尚未达成学术上的一致，但有学者提出类似的概念，如，在传统的“限禁型”经济法之外，有学者提出“促进型”经济法的概念并将其类型化，分析其对“限禁型”经济法的补充、协调、矫正，并从两个方面发挥着传统“限禁型”经济法难以替代的作用：有效缓解经济法执法中的各种困境；有效克服传统经济法执法中的“信息悖论”（执法的有效性一方面过于依赖信息，而另一方面，执法的严厉性又限制了信息收集的渠道，这就是“限禁型”经济法无法解决的信息悖论）。具体请参见：焦海涛．论“促进型”经济法的运行机制［J］．东方法学，2011（5）：49-56.

第三章　主体功能区规划的内在软法机制

如前文所述，主体功能区规划是软法的表现形式之一，软法的存在历史悠久，但软法作为社会公共治理机制是现代社会的创新。软法机制是通过自律和他律相结合的规制方式来规范人们行为、调整社会关系的现代社会公共治理创新[①]。主体功能区规划自身的创制与实施离不开软法机制功能的全面发挥。主体功能规划可从基础、保障、平衡、动力等四个方面系统构建软法机制，克服硬法之治的缺点，发挥软法之治的优势，增加制度供给，满足主体功能区规划创制与实施过程中的制度需求。

一、主体功能区规划面临的困境呼唤软法之治

国家级主体功能区规划出台比预期晚，直至本书完成之际，尚有不少省级行政单位没有出台，更谈不上主体功能区规划之具体实施了，深究其原因，若要使主体功能区规划顺利实施，需解决当前存在的相关理论准备不足、制度供给不足等问题，硬法规制理应承担此重任，但我国目前的硬法的缺失把软法机制推至制度的前沿，软法机制成为当前破解主体功能区规划实施难题的重要制度设计。

① 姜明安．完善软法机制，推进社会公共治理创新［J］．中国法学，2010（5）：16-24.

（一）制度供不应求

对于主体功能区规划，不少人都持怀疑态度，认为主体功能区规划也避免不了“墙上挂挂”的窘境；有些地方政府比较消极，抵触情绪很大，特别是限制和禁止开发区域的人们的疑虑更为明显。应当说，地方政府及地方官员的怀疑特别是限制开发和禁止开发区域人们的疑虑是有道理的，其原因在于，与主体功能区规划相关的制度、机制不配套，特别是财政转移支付制度与生态补偿机制等尚未能与主体功能区规划理念相对接，具体机制设计远未成形。比如，2011 年“两会”期间，时任安徽省安庆市委书记的朱读稳提交《关于建设大别山生态经济区的建议》时，他就表示过这样的担忧：按照主体功能区规划，大别山区欠发达，加快发展的任务异常繁重，但大别山地区属于限制兼禁止开发区，在该地区转型发展的内生动力不足的情况下，如果国家不实行特殊的指导和扶持政策，大别山区就难以摒弃以增加物质资源消耗为主的经济增长模式，会继续对生态环境造成破坏①。因此，如果与主体功能区规划相关的各种机制、制度的设计及实施不能同步跟进，主体功能区规划法治化将难以顺利进行，就会使主体功能区规划面临合法性危机，实施效果必然不理想，推动主体功能区战略的实施阻碍重重。

各主体功能区、各区域的利益诉求不可忽视，利益调节机制是根本，这涉及各部门的政策调整；而利益调节的根本保证在于相关机制的及时完善与实施，如财政转移支付制度，需要财政部门与其他部门、各地方政府在转移支付的规模和支付能力的基础上协调一致后，形成可操作的财政转移支付长效机制，才能有效平衡各主体功能区的利益关系，促进主体功能区的形成。

因此，主体功能区规划实施中指标体系的形成、利益补偿、绩效考核、民主协商等方面迫切需要制度上的保证，尤其是法治化的保证，以改变主体功能区规划实施中可能存在的不协调、不平衡、无动力、易变化的状况。

---

① 吕中国．安徽推进主体功能区建设的财政政策［J］．安庆师范学院学报（社会科学版），2012（1）：78-82.

（二）硬法的缺位及自身的缺陷

主体功能区规划实施所面临的困境需要完善的制度设计及实施，以国家强制力为保证的硬法规制理应成为主体功能区规划实施的有力保障，西方许多国家就是以完善的立法、严格的执法来保证区域规划与区域管理的实施。然而，我国由于主体功能区实施时间不长，思想与理论准备不够充分；主体功能区规划行政色彩浓，政府在主体功能区规划中起主导作用，立法相对滞后，法治环境有待优化；再加上硬法本身固有的缺点，造成了硬法在主体功能区规划中的缺位。

就硬法的滞后而言，其对于主体功能区规划的法律保障明显不足。我国当前土地利用规划有《土地管理法》，城市规划有《城乡规划法》等，两者均有法律保障，且在此基础上制定相应的实施细则、设定相应的监管部门。作为统领性、基础性、战略性的规划，主体功能区规划缺少相关的法规作为支撑和保障，这与主体功能区规划的战略地位不相匹配，这样就难以统筹和衔接其他各类规划，规划操作部门较难以此组织、协调其他相关部门的工作。比如，规划操作部门本身的缺失就需要尽快解决，虽然国务院明确了主体功能区规划的创制与实施由国家发改委牵头，但涉及区域管理的部门较多，国家发改委之外，还有财政部、住房和城乡建设部、国土资源部、民政部等。如果分工不明确，涉及部门太多，反而不利于主体功能区规划的有效落实。目前的困境在于，省级及以下的主体功能区规划是由各级发改部门牵头，但发改部门本身却不是一个规划操作部门，因此，从中央到地方都需要一个相对稳定的有法律权威的主体功能区规划实施机构，但目前，我国的硬法体系并未对此作出明确的规定。

硬法自身固有的缺点也限制了硬法功能的发挥，正如博登海默所言，法律具有稳定性，但由稳定性必然带来或派生的僵化性、保守性也是它的缺点所在①。此外，硬法的国家强制力、司法中心主义对于社会生活的调整覆盖面

① ［美］E·博登海默．法理学：法律哲学与法律方法［M］．邓正来，译．北京：中国政法大学出版社，1999：325-326，402-406.

有限，其硬性的调整方式在绩效评价、区域协调、利益平衡等方面难以发挥有效的作用，难以完成有效的制度供给。即使是硬法擅长的主体功能区规划实施中程序法规制、法律责任的追究、法律救济等法治化的环节，单一的硬法也是无能为力。

因此，短期内为主体功能区规划创制与实施加上“一揽子”法律法规，全部实施硬法规制不太现实、不大可能，也不太必要，最可行之处就是在现有的基础上使主体功能区相关法律保障与现有的政策法规相融合，或者在现行的相关政策中增加主体功能区要求的内容。从性质上看，主体功能区的政策措施是现有政策措施加入主体功能区的倾向性的调整和完善，其落实也必须依靠现有的行政或经济体制开展，不可能为主体功能区的落实再建立一套覆盖各个领域的政策落实体系①。

（三）软法之治的引入是必然趋势

硬法的缺位，使软法治理的引入成为大势所趋，经济生活中的公共治理呼唤软法之治，加之软法柔性治理的优点，软法治理在主体功能区规划法治化过程中大有用武之地，软法功能得以有效发挥。

1. 软法之治顺应了主体功能区规划的制度需求

“公共管理”到“公共治理”、“统治”到“管治”不仅是用语上的转变，其表明现有的经济生活崇尚多赢、对话、协调、合作。“管治”，概念肇始于环境问题的解决，随后被逐渐引入各种需要进行多次对话、协调、平衡的问题当中，解决问题的范围也拓展到国际、国家、城市、城乡社区等多个层次。“管治”有别于传统意义上的政府“统治”，是指通过多种集团的对话、协调、合作以达到最大程度动员资源的统治方式，以补充市场交换和政府自上而下调控的不足，最终达到“双赢”的综合社会治理方式，其人文色彩与和谐成分较为突出②。可以看出，其内核与软法的内在精神是一致的。

---

① 李军，任旺兵．国家主体功能区规划实施的几个关键问题［J］．经济研究导刊，2011（27）：240-243.

② 安虎森．空间经济学原理［M］．北京：经济科学出版社，2005：76.

在主体功能区规划过程中，各级各部门的政治参与和利益的表达、中央和地方之间的有效磋商、各种各级规划与主体功能区规划纵横两方面的协调和衔接、规划渐进性和灵活性的适时调整等亟待解决的问题如果由传统的硬法特有的“命令—服从”模式进行调整，显然难以适用，软法特有的协调乃至博弈就成了制度发展的必然。

2. 软法之治有助于差别化的区域管理的实现

对国内各区域进行分区并进行差异化管理，实现区域协调发展是主体功能区规划实施的题中应有之义，有学者提出在国家层面采取“4+2”的区域发展战略和政策框架。所谓“4”，就是在战略规划层面，按照西部、东北、中部和东部四大区域的地域框架，对全国经济布局和区域发展进行统筹规划和统一部署①。所谓“2”，就是在政策操作层面，按照主体功能区和关键问题区两种类型区，实施差别化的区域调控与国家援助政策②。其实，即便是划定了主体功能区的类型，区内还会存在各种差异，资源拥有量、环境承载力以及人口容量等还会存在不同，类似于优化开发区内存在需要“限制”或“禁止”的区域、限制开发区内存在可以“重点”开发的区域等现象会时常出现。因此，有学者主张在四类主体功能区内划分主体功能亚区，进一步细分，突出不同区域的特点，进而“有的放矢”地进行分类管理。更有学者主张灵活地划定基本单元，既能照顾到既有的行政区划，又能照顾到区划内资源环境承载力、开发密度和发展潜力等方面的一致性。如果将主体功能区划单位拓展至省、市，不可避免的是较大的区划单位内资源禀赋、环境人口容量、经济社会发展水平、基本公共服务状况等会有较大差异，因此应该根据区域差异区别对待。可以考虑在地域差异较小的区域如华北平原地区以县为基本单元，在地域差异较大的区域如云南省以镇为基本单元。因为云南省自然环境结构错综复杂，很难找到自然环境均质性较高的大片区域，经济活动主要集中在空间十分有限的坝区，全省只有 49 个大于 100 平方千米的坝子，

---

① 魏后凯．“十一五”时期中国区域政策的调整方向［J］．学习与探索，2006（1）：15-23.

② 魏后凯，邬晓霞．“十二五”时期中国区域政策的基本框架［J］．经济与管理研究，2010（12）：30-48.

1442 个大于 1 平方千米的坝子，这种区域以镇为单元划分的主体功能区划会更有操作性①。《安徽省主体功能区规划》即灵活地将重点开发区域分为国家重点开发区域、省重点开发区域、重点开发城镇三类，前两者以县级行政单位为基本单元，而重点开发城镇以地域差异较大的县下辖的镇（乡）为基本单元②。

面对如此灵活的细分，创制与实施差别化的法律机制是引导经济布局、人口分布适应资源状况、环境人口容量进而实现区域协调发展的重要保障，这也是实现主体功能区规划法治化的关键。然而，问题在于，面对如此灵活的细分，单一的硬法规制难以灵活应对，软法之治在针对不同主体功能区分类政策的制定、实施及施行分类管理方面具有得天独厚的优势。如"珠三角"地区虽在整体上为优化开发区，但具体到"珠三角"内部各"亚区"空间的分类管理，就必须贯彻"分类政策、分区管治"的理念，《珠三角城镇群协调发展规划（2004—2020）》对此理念有很好的诠释。

主体功能区规划法治化势在必行，硬法缺位及硬法自身缺陷导致硬法规制不足，应运而生的软法及软法机制有其独特的优势，其不但能够指引硬法的制定与实施，同时对硬法进行必要的补充，还能够在某些制度安排上独当一面，发挥不可替代的功能。因此，软法机制是针对主体功能区规划困境而产生的破解方法。有学者做出类似的探索：产业集中区管理就可采用类似于软法机制（磋商机制，利益分配、补偿与政府考评机制以及行之有效的组织协调机制）加硬法规制（法制协调机制和纠纷解决机制）的混合治理模式③；规划的实施……综合起来可以归纳为协调、统一与平衡④。下文将对主体功能区规划创制与实施的基础、保障、平衡、动力等系列软法机制做详细论述。

---

① 方忠权．主体功能区建设面临的问题及调整思路［J］．地域研究与开发，2008（6）：29-33.

② 如合肥长丰县总体上被划为国家农产品主产区，划入限制开发区域，而长丰县下辖的水湖镇、岗集镇、吴山镇被列为省重点开发城镇。

③ 华国庆．安徽产业集中区若干法律问题研究［J］．华东经济管理，2012，26（3）：26-29.

④ 张可云，刘琼．主体功能区规划实施面临的挑战与政策问题探讨［J］．现代城市研究，2006（6）：8-11.

二、基础：规划指标确立机制

作为软法的主体功能区规划具有基础性、约束性、战略性，是对未来若干年期间（全国主体功能区规划将实现主要目标的时间定为2020年）的国土空间治理，具有较强的不确定性，因此，主体功能区规划又具有一定的灵活性、原则性、指导性。在主体功能区规划实施过程中，软法以其细化、定量化的特点满足经济生活中的实际操作性要求。硬法以其明确的权义设置，满足人们对于规则遵守的合理预期，但面对变动不居的经济生活，硬法滞后性的弱点逐渐显现。软法充满弹性，部分成分的产生具有惯例自发性，实施过程注重实践回应性，价值取向强调民主协调性主导下的利益兼顾性，这使软法机制更易于细化、量化，更符合转型期市场经济运作的操作性、定量化要求①。主体功能区规划实施中"细化、量化"集中体现为指标体系的确立与运用。

（一）确立指标体系的重要性

构建科学、合理、统一的指标体系，是主体功能区规划的基础性工作。只有以完备的"定量化"的指标体系为基础，才能相应构建其他的软法机制，才能够使主体功能区规划"软法不软"，才能够实现主体功能区规划法治化的目标。

1. 指标体系的确立是主体功能区规划的基础性工作，是主体功能区规划中协调、平衡、考核、评价机制形成的前提

指标体系的确立为主体功能区规划的创制提供重要的数据支撑与保障。主体功能区规划具体目标的确定、区划类型的划分、规划创制实施过程的监管以及规划实施效果的考评，都依赖于"细化、量化"的指标体系的确立。

① 方剑．我国经济软法机制初探［J］．中外企业家，2011（18）：143-145.

如不同功能区之间利益补偿机制的目的在于扶持“限制”开发和“禁止”开发功能区，对这两类做出“牺牲”的区域进行倾斜性和保护性的利益补偿，促进区域均衡协调发展，实现不开发的“发展”。此种补偿应从整个区域均衡协调发展的视角出发，确定受补偿的主体及补偿的额度、方式等，在很多情况下，这种利益补偿是不以受补偿区域的实际利益损失为限。此种情况下，相关指标体系的建立就显得尤为重要。因此，我国在制定区域行政规划时，可以借鉴德国以及欧盟的做法，建立一套反映区域之间财政和税收关系的指标体系，可以包括失业率、经济增长率、生活水平、税赋能力等，以此为建立补偿对象、补偿额度和补偿方式的基础①。可见，指标体系的确立机制是利益补偿机制的基础性机制。

其次，指标体系的确立也是实现主体功能区精细化管理的前提。主体功能区规划的预期目的是，通过主体功能区规划的创制与实施，将规划范围内的每平方千米甚至更小范围内的主体功能区都一一定位清晰、明确，最终形成电子化的立体规划图，在这张规划图上，每个单位区域的资源、环境、人口状况都将一览无余，为规划实施部门提供详尽可靠的信息化支撑。建立这样的信息平台，会使各区域的主体功能区定位更清晰，绩效评价和政绩考核更客观公正，规划创制、调整与实施效率将大大提高。一个覆盖全国、统一协调、更新及时、反应迅速、功能完善的国土空间管理系统将有望建立，为主体功能区规划创制与实施打造强有力的国土空间治理平台。城市建设、项目动工、耕地占用、地下水开采、矿产资源开采等各种开发行为，以及水面、林地、自然保护区、蓄滞洪区等的保护将会一目了然，精确到每平方公里的国土空间的功能定位将十分清晰②。这样，在计算机上进行主体功能区的精细化管理将得以实现。

2. 行政机关裁量基准的确立来源于指标体系的形成

各级行政机关是主体功能区规划创制与实施的组织者与执行者，主体功

① 李煜兴. 区域行政规划研究［M］. 北京：法律出版社，2009：163.

② 杨伟民. 主体功能区“落地”需明晰“大棒”政策［N］. 21世纪经济报道，2012-05-15.

能区规划实施中协调、平衡、考核、评价都必须预设相应的具体的判断标准，比如在各类主体功能区中设置交通、人口、公共服务、环境、资源等方面的限制性指标区间。在此，我们引入了行政法上的裁量基准的概念，主体功能区规划实施中涉及自由裁量的部分即需要裁量基准的约束，一般意义上的裁量基准，是指行政机关在法律规定的裁量空间内，依据立法者的意图以及行政法上的基本原则并结合执法经验，按照裁量涉及的各种不同事实情节，将法律规范预先规定的裁量范围加以细化并设以相对固定的具体判断标准①。这种规划裁量基准本身也是软法机制的具体体现。

主体功能区规划实施中的裁量基准对于行政权力的行使起到很强的约束作用，但科学的、合理的、可操作性强的裁量基准来源于完善合理、可操作性的指标体系。也就是说，主体功能区规划裁量基准的确定依赖于指标体系的确立，一定时期内“相对固定”的“优劣”判断标准能否经得起考验往往取决于指标体系的细化与确立。

3. 规划适时调整机制以指标体系的变动监测为基础

主体功能区规划一经制定，不能轻易更改，这是主体功能区规划的题中应有之义，但也不可能是一劳永逸的。国外的空间规划也是允许有条件地更改的，如日本已经第六次调整国土空间规划了，规划的着眼点也在不断地变化。空间规划也还是允许通过一定的程序（如通过市政议会的批准）适当地进行修改的②，可以预见的是，主体功能区划将会随着经济社会的发展产生一定的变化。全国主体功能区规划文本中就明确规定：本规划推进实现主体功能区主要目标的时间是2020年，规划任务是更长远的，实施中将根据形势变化和评估结果适时调整修订。一般说来，禁止开发区相对比较稳定，会随着环保力度的加大以及生态文明建设的不断推进，禁止开发区面积和范围可能会逐年增加；限制开发区、优化开发区和重点开发区的面积和范围会有一个

① 杨建顺. 行政规制与权利保障［M］. 北京：中国人民大学出版社，2007：57.

② 事实上，根据国务院发展研究中心发展部研究人员与德国空间规划部门的交流，即使在德国，空间规划的实现程度也不超过50%。参见：朱鸿飞：“德国区域规划的层次和特点——莱茵河流域考察报告”，国务院发展研究中心内部资料《调查研究报告》，1994年第28号.

相互转化、变动的过程，如重点开发区会随着开发程度的提高、经济水平的发展转化为优化开发区。对此，必须运用适时调整机制，将近期目标和长期目标有机结合，在规划静态保持的过程中寻找合理的动态平衡点。如何把握“适时”调整的“合理”时机，指标体系动态的监测机制必不可少。

指标体系动态监测机制是规划适时调整机制的配套机制，规划适时调整机制中的“适时”取决于对各主体功能区规划指标体系的动态监测，当某主体功能区域的指标体系的变动超过一定阈值，即可通过一定的程序调整此区域单元的主体功能定位，保持对国土空间的有效与实时管治。

（二）指标体系的内涵

依据《省级主体功能区规划的技术规程》的规定，一般选取资源环境承载力、现有国土开发密度、发展潜力为一级指标，这是相对固定的，但下一级指标会有所不同。一般认为，现有开发密度方面的指标，主要涵盖人口密度、建筑密度、人均土地和水资源拥有量、产出强度等方面；发展潜力方面的指标，主要涵盖区位条件、经济结构、技术创新、教育文化、发展战略等方面①；资源环境承载力方面指标，包括资源拥有量、环境人口容量等方面，以上三者在实际指标构建中都有着显著的不同。以资源环境承载能力为例，顾朝林等②设置的指标是：人均耕地面积、地均 GDP 和人口密度；而张广海等③设置的指标有：人均耕地面积、人均水资源占有量、万元 GDP 的“三废”排放量。

当前，国家已初步统一了省级主体功能区规划 10 项指标评价体系④。可利用土地资源、可利用水资源、环境容量、生态系统脆弱性、生态重要性、

① 周文．试论主体功能区规划的重要意义［J］．经济论坛，2008（1）：6-8.

② 顾朝林，张晓明，刘晋媛，等．盐城开发空间区划及其思考［J］．地理学报，2007，62（8）：787-798.

③ 张广海，李雪．山东省主体功能区划分研究［J］．地理与地理信息科学，2007，23（4）：57-61.

④ 安徽省发展和改革委员会．安徽省主体功能区规划指标评价基本完成［EB/OL］．（2008-09-01）．http：//www. ndrc. gov. cn/dffgwdt/ t20080901_ 234289. htm.

自然灾害危险性、人口集聚度、经济发展水平、交通优势度、战略选择10个二级指标，但在三级指标选取方面还存在明显差异。例如，生态系统脆弱性，原指标由沙漠化、土壤侵蚀、石漠化、土壤盐渍化4个要素构成，对此，上海调整为“城市热岛、地面沉降”①；江苏则根据自身需要增加了“受教育程度”指标项作为衡量发展潜力的指标，增加了“资源开发强度”“水环境负荷”指标项作为衡量开发强度的指标等②。因此，指标体系的内涵基本稳定，各地的指标体系可结合当地的实际情况具体确定。

（三）指标体系的要求

因此，构建科学合理的主体功能区指标体系，既要考虑指标的简化与典型性，又要考虑指标的区域性、可比性等方面。

指标体系应当尽量简化，简化的指标体系呈现出代表性，要增强其通用性，简化通用的指标体系才会具有可比性。我国幅员辽阔，各区域之间的环境和经济社会条件差别较大。因此，在尊重指标体系区域性的基础上，需要对各地典型指标项的选取加以一定的限制，否则各主体功能区之间的指标将不具备可比性，就有可能出现同质的区域划定为异质功能区的异常局面，对于不同主体功能区的利益平衡、绩效评价与政绩考核等也将无法进行。

此外，要综合考量主体功能区的多项指标所占的权重，单个指标衡量之下的区域主体功能区的划定往往是矛盾的。比如，浙江省主体功能区规划选取了“人均可利用水资源量”指标反映资源丰度。浙江省内淳安、云和、景宁等拥有大型水库的县市，水资源丰富，该项指标的分值较高，显示出这些地区的资源环境承载力较高。但淳安等地区被划定为该省重要生态功能区，

---

① 王敏，熊丽君，黄沈发. 上海市主体功能区划分技术方法研究［J］. 环境科学研究，2008，24（4）：205-209.

② 广东省发展和改革委员会. 苏浙渝鲁等省市主体功能区规划的调研报告（第13期）［EB/OL］.（2008-12-08）. http：//www.gddpc.gov.cn/zwgk/rdzt/cjxfz/hdjb/200806/t20080613_21525.htm.

资源环境承载能力理应相对较小，这显然是相矛盾的[①]。因此，多项指标的综合运用方能为主体功能区规划的创制与实施奠定科学、合理、统一的基础。

（四）指标体系的形成

1. 指标的来源

获取有意义的指标要注意指标来源的可能性与可靠性，过分庞杂的指标体系将会陷入指标和数据的汪洋大海之中，并且我国现有的统计系统难以提供充分的支持。指标体系的建立要依赖于各部门的配合，如发改委、统计、国土、建设、财税、环保等部门协同配合，加强主体功能区规划与实施信息库建设，建立指标体系信息的收集、共享、交互机制。此外，在县区作为主体功能区基本单元的基础上，将指标重要信息源放在县区一级，畅通信息收集渠道，加强信息数据的加工处理，为指标体系的建立奠定坚实的基础。

指标体系的获取还需要专业技术机构、人员、项目的支撑。2008 年，国家科技部在国家科技支撑计划中设立“全国主体功能区规划遥感地理信息支撑系统关键技术研究”项目，用来支持主体功能区规划编制与实施。为保证技术支撑工作的客观性和独立性，建立主体功能区组织机构领导下的国家和省级主体功能区技术支撑体系十分必要。[②] 支撑体系不必重新建立，而是依托现有科研力量，以主体功能区规划相关业务为主线，组织成常规化的专业队伍。主体功能区推进组织机构可采用服务外包的方式获得主体功能区技术支持[③]。此为指标体系来源的机构与人员保障。

2. 指标体系形成过程的注意事项

当前，国家、省级主体功能区指标体系的形成已取得阶段性成果。以安徽省为例，为实现通过指标项量化完成国土空间现状的评价进而划定不

---

① 包晓雯，曾刚．我国主体功能区规划若干问题之管见［J］．改革与战略，2008，24（11）：47-50.

② 杨瑞霞，张莉，闫丽洁，等．省级主体功能区规划支持系统研究［J］．地域研究与开发，2009（1）：22-26.

③ 李军，任旺兵．国家主体功能区规划实施的几个关键问题［J］．经济研究导刊，2011（27）：240-243.

同的主体功能区，安徽省发改委规划组经过近半年的努力，完成了可利用土地资源、可利用水资源、环境容量、生态系统脆弱性、生态重要性、自然灾害危险性、人口集聚度、经济发展水平、交通优势度和战略选择等10大项中前9项可计量的指标项的计算工作，并得出单项指标的评价结果①，以科学数据支撑安徽省主体功能区域划分，具有很强的说服力，但要注意分析指标体系的来源以及地方利益博弈的影响，防止数据的非人为的缺失与人为的失实。

（1）非人为的数据缺失。这主要是由客观条件造成的，在现有政治经济体制下，无论以县还是乡镇作为基本单元，乡镇一级基本没有完整的统计资料，只有人口、面积、用于上报的GDP等少数指标，不足以支撑包括经济社会资源环境各方面指标的功能区的划分需求。县一级指标虽相对完整，但许多数据（如二次产业增加值）缺乏权威性和准确性②。

（2）人为的数据失实。这主要是主观方面的原因，体现为地方保护主义的作用。由于省级主体功能区规划由各省（区、市）组织市、县级人民政府编制，因此在确定各级各类主体功能区的数量、位置和范围时，地方政府容易为了本地利益而扭曲规划，这是不能回避的现实因素③。作为不同主体功能区划分的标准之一：是否能够进行“大规模、高强度工业化和城镇化”中“大规模、高强度”的模糊的定性表述就是对地方利益博弈的让步。工业化和城镇化比较难的地方是如何确定开发强度约束，按照最初想法（我们）希望能够确定开发强度指标，但争论较多，都想争更多的开发强度，但是为了《规划》能够顺利出台，把开发强度去掉了④。

因此，在指标体系形成与运用过程中要充分考虑到以上因素，注意甄别指标体系的真实性，防止在失实的指标体系基础上做出失真的决策。

---

① 安徽省发展和改革委员会．安徽省主体功能区规划指标评价基本完成［EB/OL］．（2008-09-01）．http：//www. ndrc. gov. cn/dffgwdt/ t20080901_ 234289. htm.

② 方忠权．主体功能区建设面临的问题及调整思路［J］．地域研究与开发，2008（6）：29-33.

③ 方忠权．主体功能区建设面临的问题及调整思路［J］．地域研究与开发，2008（6）：29-33.

④ 杨海霞．解读全国主体功能区规划　专访国家发展改革委秘书长杨伟民［J］．中国投资，2011（4）：16-21.

三、保障：民主协商机制

（一）民主协商机制的必要性

以市场经济及法律社会化为背景的主体功能区规划的创制、实施的过程中，多元主体将会参与其中。就创制主体而言，不仅需要政府机构、专业技术人员的参与，而且需要企业、非政府组织等社会组织以及公众的代表参与，给普通公众一个表达其意愿的渠道。就实施主体而言，鉴于政府在宏观调控中的主导作用，主体功能区规划的实施主体包括中央、省（自治区、直辖市）两级政府。中央政府主要是通过主体功能区各项政策措施的实施，从国家层面上控制主体功能区的发展；（省级）地方政府主要是通过国家主体功能区政策措施的区域化执行，实现国家主体功能区框架下的省级主体功能区的主体功能①。中央、省两级规划主体有明确的分工，市、县级政府不应作为规划主体，但应保证其享有充分的参与表达权。其实，在关系国计民生的主体功能区规划过程中，多元主体的全程参与是不可或缺的。因此，主体功能区规划是以多元主体治理为背景的②。

主体功能区规划实施过程中多元主体的存在，必然存在多元的利益主体，马克思曾经指出："人们奋斗所争取的一切，都同他们的利益有关。"③ 关于利益可以从以下几个方面来理解：利益是利益主体在一定约束条件下追求自

① 李军，任旺兵．国家主体功能区规划实施的几个关键问题［J］．经济研究导刊，2011（27）：240-243.

② 多元主体治理是一种建立在各主体间合理分工基础上的伙伴式的合作关系。"伙伴关系是许多行动者之间的动态关系。这些行动者是以接受共同目标为基础的，并且都认识到最合理的社会分工是建立在每一个伙伴的各自比较优势基础上。伙伴关系包括相互影响，在协同发展和各自保持独立性之间精心平衡，还包括相互尊重、平等参与决策、共同承担责任。"参见：Jennifer M. Brinkerhoff. Government-Nonprofit Partnership：A Defining Framework［J］. Public Administration and Development，2002（22）.

③ 马克思，恩格斯．马克思恩格斯全集（第一卷）［M］．北京：人民出版社，1956：82.

身效用（需要）最大化，并以此为驱动力从事社会实践活动，不断改变外界对象，从而使人们的需求和需要对象之间的矛盾不断得以克服的矛盾运动的产物[①]。利益主体来源于自身的需要，表现为对“需求对象”的不断追求，因此利益包括三个方面：利益主体、需求对象和主体活动。主体功能区规划各主体为了“自身需要”必将追求自身效用最大化，然而“需求”与“需要对象”之间的矛盾经常存在，会存在各利益主体之间的矛盾与冲突。比如，区域经济冲突是在区域经济联系中，区域经济主体为追求区域利益而采取的有损于其他地区整个社会的利益，因而使区域经济关系偏离理想的区域均衡态的利益争夺行为。[②] 因此，由于资源的稀缺性，这种矛盾与争夺会经常存在，表现在主体功能区规划实施中，各主体有可能为了自身的利益而相互抵牾，大大偏离主体功能区规划的理想状态。

因此，规划的落实就需要由不同利益、不同主体进行博弈，在博弈中方能明辨规划的正误和可行性程度，通过博弈才能将字面的设想转变为有益、有效的行动可能，在规划的引领下最大限度地实现规划目标，否则就只能是纸上谈兵，或者成为破坏生产力的长官意志和行政命令[③]。博弈是民主协商机制的具体表现形式。博弈论始于 20 世纪 70 年代中期的国际经济学研究，约翰·纳什（John F. Nash）和约翰·海萨尼（John C. Harsanyi）因为从事与博弈论相关的研究获得 1994 年度诺贝尔经济学奖。博弈论（Game theory）是研究决策主体的决策行为以及这种决策的均衡问题，即一个主体的决策行为要受到其他主体行为的影响，同时其行为又会影响到其他主体的决策，因此，博弈论又称“决策论”[④]。从区域经济学的角度看，每个主体功能区都是单个的利益主体，在市场经济条件下，每个利益主体会竭力追求自身个体利益的最大化。但资源稀缺及财政投入的有限性，各利益主体总是处于相互竞争的状态，但这只是事实的一方面，另一方面是各利益主体还会出现需要相互合

---

① 柳新元. 利益冲突与制度变迁［M］. 武汉：武汉大学出版社，2001：143-150.

② 张可云. 区域经济政策［M］. 北京：商务印书馆，2005：3.

③ 史际春. 论规划的法治化［J］. 兰州大学学报（社会科学版），2006，34（4）：1-8.

④ 张维迎. 博弈论与信息经济学［M］. 上海：上海人民出版社，1996：15-30.

作的情形，以确保更大范围的区域利益最大化。一个主体功能区在做出战略决策时不仅要考虑自身的优势，还要受到其他主体功能区决策的影响，其决策也会影响其他主体功能区的决策过程。因此，有学者指出，可以把区域政策制定看作是一个博弈过程，我们有理由把博弈论的方法和思维推广应用到我国的区域政策研究中[①]。

然而，各利益主体的合作与博弈不能完全自觉，特别在难以“双赢”的情况下，各区域主体还需要通过各种形式的政治参与渠道表达其利益诉求。公众借助网络等工具的广泛参与，可以及时发现问题，再借助于公权力的实现，保证所有的权力都能受到监督，所有的权利都能得到救济，使区域经济活动事前监督和事后及时救济相结合，从而推动区域经济的和谐发展，以适应构建和谐社会的目标[②]。

因此，在多元主体治理的背景下，各主体利益实现依赖于各主体间的合作与博弈以及通过政治参与的利益表达，进而依赖于民主协商机制的充分实现。作为重要的软法机制，民主协商机制在面对主体功能区规划创制与实施过程中中央与地方之间、各部门各地方之间、各相关规划之间、公众参与各主体之间的诸多矛盾与紧张关系，能有效发挥软法特有的协调、调停、化解等作用，能有效化解矛盾，鼓励政治参与，促进合作，提供博弈的运作方式、途径（如协商、讨论、审议、辩论）及具体规则[③]。其保障主体功能区规划各利益主体政治参与和合作博弈的充分性、有序性和公正性。

（二）中央与地方之磋商机制

在主体功能区协调和调整中，最大的困难仍然是国家利益和地方利益、长期效益和短期效益的博弈[④]。究其原因，中央政府和地方政府的目标取向存

① 马丽，庞效民．区域经济政策的博弈解析［J］．地理研究，2001（4）：498-505.

② 罗豪才．软法与公共治理［M］．北京：北京大学出版社，2006：21.

③ 姜明安：发挥软法在社会治理中的作用［N］．人民日报（理论版），2010-7-30.

④ 傅前瞻，余茂辉．推进主体功能区建设必须正确认识和处理的若干关系［J］．经济问题探索，2010（3）：21-24.

在差异，中央政府从国家全局利益出发，注重全国区域层面上的利益协调和长远发展，力图实现国家发展利益的最大化和持续发展，在主体功能区规划时并未过多考虑省级行政区域界线；而地方政府在现行的政绩考核体系下，多以其所管辖的区域利益为出发点，考虑更多的是如何实现其所管辖区域的快速发展①。

1. 有限理性支配下的地方政府可能会绑架中央

随着我国政治体制和经济体制的改革，特别是市场化改革和中央集权地方“分权”的改革，过去完全依附于上级政府的地方政府在政治权力结构中的角色定位发生了较大的变化，它们已从单纯的行政主体角色定位转化为集利益主体、经济主体、管理主体三种角色定位于一身。诚然，地方政府“三位一体”的角色定位能提高其对地方政治经济事务的控制权和责任感，便不可否认也助长了地方保护主义的滋生。因此，在本该无条件执行中央政府宏观经济决策的地方，地方政府往往从自身所处地区的狭隘的局部利益出发，忽略了全社会的整体利益和宏观经济效益，对于中央决策软磨硬抗，“修改补充”“变通细化”乃至“有令不行，有禁不止”②。同时，如果无法摒弃理性“经济人”思维，地方政府的理性就会是有限的，其利益着眼点往往只局限于自身管辖区域的个体利益，在与中央的博弈过程中，往往强调自身的特殊性，置国家整体利益于不顾，无法有效克服短视行为。

比如，在全国主体功能区规划创制过程中，遇到了来自各级地方政府的阻力，其诉求主要分为两类：一类是减少或缩小“限制开发”区域，增加或增大“重点开发”区域，不情愿放弃“重点开发”，如安徽省长丰县曾在发改委网站中明确提出：“为避免今后将我县部分地区纳入保障国家食物安全的农业区，进入限制开发区，当前，我县的发展方向和重点要进一步明确在工

① 吴箐，汪金武．主体功能区划的研究现状与思考［J］．热带地理，2009（6）：532-538.

② 吴强．政府行为与区域经济协调发展［M］．北京：经济科学出版社，2006：143.

业立县上。"① 阜阳被列为国家级限制开发区，更是引发网民对于国家和安徽省忽视发展皖北特别是阜阳的讨论②。另一类则争相进入国家级生态功能区，希望能坐享中央财政转移支付等相关倾斜性政策。更有区域意欲两者兼得，如淮北市明确要争取濉溪县更多区域列为省级主体功能区规划重点开发区域，既享受濉溪县所属的黄淮海平原农产品主产区范围配套的中央财政农业转移支付，又能争取部分乡镇列为省级主体功能区规划重点开发区域，享受省级重点开发区域配套政策③。

不可否认，我国经济发展的奇迹，一个很重要的原因就是地方发展经济的冲动和县域经济的竞争。④ 但是，有可能出现地方政府绑架中央政府的局面。表现在：在全国主体功能区规划颁布之前，各省基本上有国家批复的国家级重点开发区，更不用说名目繁多的区域规划了，诚然这促进了地方区域经济的发展，但问题在于，这些现有的国家级重点开发区可能会与主体功能区规划存在冲突，有时甚至是严重的，因为这些地区被划定为优化开发区；沿海省市自治区，都在海边吹沙造陆，"重点开发"，而这些区域却应作为限制开发区甚至禁止开发区来对待。此外，部分省市主体功能区规划的出台一推再推，以各种理由向中央要地、要政策，存在主体功能区规划被消极对待、主体功能区规划被肢解、主体功能区规划被边缘化的潜在危险。

2. 充分磋商，划分财权与事权，发挥地方积极性

为限制地方保护主义，防止有限理性支配下的地方政府"绑架"中央，首先，中央与地方应当充分进行磋商，围绕配套政策的制定与区域差别化政

① 参见：我国主体功能区划分概况及分析（第 11 期　总第 118 期）［EB/OL］.（2007-05-26）. http：//www.cffgw.gov.cn/DocHtml/2007/5/26/5230939596.html. 长丰县在最终出炉的《安徽省主体功能区规划》中被列为限制开发区域，而其下辖的水湖镇、岗集镇、吴山镇被列为省重点开发城镇。

② 全国主体功能区规划，阜阳划为限制开发区［EB/OL］.（2011-06-10）. http：//tieba.baidu.com/p/1105224314. 最终出炉的《安徽省主体功能区规划》将阜阳市颍州区、颍泉区、颍东区三区划为省级重点开发区域，将临泉县、太和县、阜南县、颍上县、界首市列入国家农产品主产区，划为限制开发区域。

③ 淮北市争取濉溪县更多区域列为省主体功能区规划重点开发区域［EB/OL］.（2011-07-04）. http：//www.huaibei.gov.cn/art/2011/7/4/art_77_7685.html. 最终，淮北市的杜集区、相山区、烈山区划为重点开发区域，而濉溪县被列为国家农产品主产区，划为限制开发区域。

④ 吴殿廷，吴铮争. 主体功能区规划实施中若干问题的探讨［J］. 人民论坛，2011（24）：116-117.

策的实施，充分沟通与商谈，使主体功能区规划得到有效执行和落实。要大力加强主体功能区理念的宣传，就主体功能区规划涉及的利益问题进行充分的商谈与平衡。在约束中央政府与地方政府关系的法律体系（硬法）并不完善的情况下，为化解中央与地方之间的不合作博弈思维，要以树立合作的“重复博弈”思维来解决。重复博弈是指同样结构的博弈重复多次，其中的每次博弈称为“阶段博弈”。由于双方能够预期到要继续交易，那么，受长期利益的驱动，形成重复博弈，就会相应提升交易双方诚信与合作的可能性，而减少一次性博弈中普遍存在的机会主义的倾向①。

其次，中央政府与省级政府应当划定各自的管辖范围，进行明晰的分权，各司其职，中央政府主要考虑统筹不同区域间的利益，而地方政府把着眼点放在本区域内各相关主体的利益上。事实上，全国主体功能区规划只划定了400多个县的主体功能，就是为了保护地方政府的积极性，全国尚有2000多个县级行政区的主体功能交由省级规划来划定。

中央与地方分权的核心在于财权与事权的划分，为从制度上解决分权问题，鉴于我国当前的行政建制特点，可以着重借鉴西方国家大都市区“双层制”管理体制。双层制管理模式是一种较为成功的大都市区政府模式，它并不是严格的等级隶属制，而是在两个层次之间进行明晰的分权②。以此为鉴，可以尝试实施中央与地方政府两个层次之间进行明晰的分权，直至明确各主体功能区的事权与财权。

然而，现状是“财权向上集中、事权向下压放”，造成了地方政府与中央政府的权力划分和责任分配的矛盾，其原因是中央与地方经济关系的分税制基础。为解决财权、事权不相匹配的情况，我们可以设置“收入集权、支出分权”的体制格局，同时，辅之以有效的财政转移支付制度③。

---

① 金太军．从行政区行政到区域公共管理——政府治理形态嬗变的博弈分析［J］．中国社会科学，2007（6）：53-65.

② 李铭，方创琳，孙心亮．区域管治研究的国际进展与展望［J］．地理科学进展，2007，26（4）：107-120.

③ 李晓新．中国经济制度变迁的宪法基础［M］．合肥：安徽大学出版社，2011：237.

（三）地方政府之间的横向合作机制

1. 区域合作机制构建的必要性分析

除了要处理好中央政府与地方政府之间的关系以外，我们还要处理好地方政府之间的关系。不同地方政府之间经常处于不同类型功能区，而不同类型主体功能区的同步发展涉及我国区域均衡发展战略的推进。处于相同主体功能区内的地方政府很有可能隶属于不同省份，特别是相邻省份。国务院的文件有明确要求，相邻两省进行主体功能区规划时，毗邻区域的主体功能应该是一致的，一个主体功能区可能跨两个或两个以上的行政区，这样就很有可能出现行政区规划与主体功能区规划互有交叉的现象。为顺应或最大程度减少我国现有的行政区经济和行政区管理模式的“壁垒”，主体功能区规划的实施，一般不轻易打破现有的行政区划。在全国范围内推进主体功能区建设，其实施主体仍是各级行政区①。然而，分类管理政策必须按主体功能区设计。当同一功能区跨不同行政区时，各行政区针对相同功能区必须采取相同的区域政策②。但这些相同的区域政策的落实要依托处于不同行政区的各地方政府之间的合作与协商。

各地方政府之间的合作与协商通常会面临地方利益的矛盾与冲突。在区域经济发展中，由于地方政府作为理性的“经济人”，以追求地方利益为目标，往往只具备个体理性而忽视集体理性，并且由于相关制度供给不足，不可避免地产生了地方政府间在追求各自利益最大化时的矛盾与冲突，从而导致利益主体之间合作的失败，进而陷入利益博弈的“囚徒困境”③。地方政府间往往以地方立法等各种手段，人为地设定市场壁垒，以地方保护主义的手段抵制竞争或不正当竞争，从而影响国家整体的经济布局，影响市场机制的资源配置功能。可以说，跨行政区划的协调发展是主体功能区规划能否成功

---

① 车文辉．准确把握主体功能区建设中的五大关系［N］．光明日报，2011-10-12（011）．

② 樊杰．从科学发展观看全国主体功能区规划［EB/OL］．（2007－11－22）．http：//www. cas. cn/ft/zxft/200708/t20070821_ 1689641. shtml.

③ 张紧跟．浅论协调地方政府间横向关系［J］．云南行政学院学报，2003（2）：62-65.

的重要因素之一[①]。因此，加强制度供给，站在更高层面上明确、实施地方政府之间区域合作的协商机制就显得尤为急迫。

地方政府之间的区域合作协商机制构建重点在于拥有一个有效统筹各方力量、妥善处理合作与纠纷的协调机制，建立一个跨行政区的协调管理机构，其目的是保障各区域之间能民主协调相关事宜，形成合力和共赢局面。对于同一主体功能区的不同行政区，要努力保持相邻地区的主体功能定位相同，在充分协调和商谈的基础上实现主体功能区内各行政区之间资源环境承载力、人口容量、生态环境脆弱度、基本公共服务评价等关键指标体系的一致性。

2. 区域合作的组织机构

从实践角度来考察中国的区域合作与发展，地方政府为了协调彼此之间的关系，也会谋求横向合作，实现利益最大化，但当前，此种合作往往处在非制度化阶段，尤其缺乏强有力的组织保证。因此，应对区域经济一体化发展的客观需要，建立一个跨行政区的协调管理机构最为必要[②]。

跨行政区的协调管理机构，无论是官方还是非官方，都早已尝试并取得重要成效，因此可在此基础上进行制度创新，提高管理效率，加强区域合作。

就官方的区域性管理机构而言，我国现在的类似机构有西部开发办、东北振兴办、中部办等，其对相关区域内各行政区之间的合作协商起到重要的作用，但就更高层的协商而言，有学者建议设立专门的职能部门模式，即在国务院设立一个由总理直接领导下的独立的部委级的区域管理部，将现有区域性管理机构：国务院扶贫办、西部开发办、东北振兴办、国家发展和改革委员会下属的地区经济司（中部地区发展处、中部地区政策体制处目前设在地区经济司）以及相关部委涉及区域管理的部门等职能部门共同并入区域管理部。同时，将分散于多个部门的区域资源集中到区域管理部，作为其进行区域调控与管理的物质基础。全国性的区域划分事务全部纳入区域管理部的

① 方忠权，丁四宝．主体功能区划与中国区域规划创新［J］．地理科学，2008（4）：483-487.
② 马洪双．如何构建区域政府合作机制［J］．今日科苑，2007（24）：112.

职责范围内[①]。但此种制度设计与当前部门精简的趋势相悖，本书赞同在国务院成立主体功能区推进领导小组，总理任领导小组组长，各相关部门的主要负责人任领导小组成员，负责协调主体功能区推进过程中的重大问题，确定主体功能区相关政策措施。在国务院综合部门设立办公室，负责主体功能区推进各项工作的落实。以相关业务司局为依托，不增加机构数量，以业务司局的司长为办公室主任，国务院主体功能区相关业务部门的主管业务司局领导为主体功能区推进领导小组办公室成员，相关业务处室的人员为办公室的工作人员。省市级行政区内部的区域合作与协商相应成立由省市级政府一把手为组长的省市主体功能区推进领导小组组长，各相关业务厅局主要领导为领导小组成员，在省区市政府综合部门设立办公室，负责本省市主体功能区规划落实各项工作，并负责与国家主体功能区领导小组推进办公室进行业务衔接[②]。

就非（半）官方的区域性组织而言，欧美国家通过形式多样的协调组织或者都市区政府，培育社会第三方机制，对跨区域的问题进行协调的做法，值得我们借鉴[③]。我国也有类似的尝试，尽管还是“半官方”的。早在1984年，现在所指的“长三角”地区就成立了包括15个城市代表参加的“上海经济区规划办公室”，1988年前后，成立黄河六省区经济合作组织；1996年以后又先后成立了长三角协作委员会、长三角经济协调会等协调机构；1994年，珠三角成立了由常务副省长为组长的经济区规划协调领导小组，统筹解决区域内各行政区个体无法解决或难以解决的跨行业、跨行政区划的共有问题。尽管当时主体功能区规划并没有作为考量因素，但这些协调机构能加强相邻地区政府间在市场资源配置、基础设施建设、环境污染治理、资源合作开发等各方面的协商和合作。

3. 区域合作的典型软法形式——区域性行政协议

确立了区域合作的组织机构，软法作为调整区域合作、促进区域合作

---

① 彭澎．中国问题区域识别的意义及其构想［J］．经济问题探索，2009（4）：7-13.

② 李军，任旺兵．国家主体功能区规划实施的几个关键问题［J］．经济研究导刊，2011（27）：240-243.

③ 郭万清．高铁时代的泛长三角区域城市协调发展［J］．江淮论坛，2011（1）：13-17.

的规范形式，其作用体现在以下三个方面：一是软法规范合作体成员的行为，保障合作体目的的实现；二是规范合作机构的管理行为，保障合作秩序的公开、公正和廉洁高效；三是规范合作体内部、外部争议纠纷的解决，保障合作体可以和谐可持续发展①。软法在区域合作中发挥作用的典型形式为区域性行政协议。区域性行政协议也是软法的一种典型表现形式，其不以“命令—服从”为理念，而以“平等—协商”为理念。以长三角行政协议为例，行政协议可以就如下问题做出规定：签署协议的机构及各方的法律能力、合作的共识、合作安排、所要成立的工作机构或合作机制、协议的加入和退出、协议的生效时间、协议的修改和补充等。此外，还可就行政协议的效力、行政协议的履行模式、行政协议纠纷的解决做出规定②。行政协议在以主体功能区规划为背景的各主体功能区之间的合作应当成为规范形式的首选。

（四）主体功能区规划与其他规划的衔接机制

主体功能区规划作为规划中的“宪法”，其在规划体系中的定位为“战略性、基础性、约束性”，国民经济发展规划、土地规划、城乡规划、生态环保规划、各地相继创制的规划等应当以主体功能区为依据，与之全方位衔接协调；同时还应加强主体功能区规划与现在行政区划之间的衔接。

我国规划名目繁多，一旦没有统筹兼顾，规划之间难免会互相“打架”，导致规划的权威性、规划的可行性大打折扣，比如，按照最初的设计，全国主体功能区规划理应对全国“十二五”规划提供框架约束作用，但是在省级层面上的主体功能区规划并不能对省“十二五”规划起到正向约束作用，相反前者某种程度上还会受到后者的反向约束，其原因在于省级主体功能区规划与“十二五”规划创制存在时间差、内容衔接不够，甚至还存在人为的漠视和抵触。因此，现有的各级各类规划，特别是后续创制的各种规划，均应

① “区域合作与软法”研讨会成功召开［EB/OL］．（2010-12-09）．北京大学法学院软法研究中心．http：//www. pkusoftlaw. com/contents/912/3711. html.

② 叶必丰．我国区域经济一体化背景下的行政协议［J］．法学研究，2006（2）：57-69.

以主体功能区规划为纲领性指引，各级各类规划之间也应加强衔接，相互协调，保持各规划的整体性，形成完整的规划体系，最大限度地优化有限的资源配置，形成规划的合力。

当前我国带有全局性的规划有发改委编制的“五年发展综合规划”、建设系统编制的“城市总体规划”、国土系统编制的“土地利用总体规划”，一般被称为“三规”。由于现有的“三规”来源于相互独立的专业规划系统，编制部门之间又缺乏足够的沟通与协调，很难形成规划的合力。为摆脱此种困境，首先应将主体功能区规划置于战略性、基础性、约束性的地位，同时将“三规”等规划建立其上，各专项规划的创制均应以此为依据，而所有的规划又必须接受国家的法律法规（硬法）的强制约束，以期形成位阶明确、定位清晰、功能互补的整体性强、可操作性强的规划体系。

因此，当务之急在于明确主体功能区规划在资源配置、生态保护、人口分布、基础设施布局和公共服务均等化等方面的核心地位。在此基础上，强化国民经济和社会发展总体规划的空间约束、经济布局、市场主体引导等约束性、指导性功能。城市规划将按照主体功能区确定的空间主体功能、人口规模、人口分布等因素进行编制；土地利用规划对于土地利用结构和规模的确定，必须以空间主体功能区规划为依据，通过主体功能区规划对建设用地进行的分配、测算来实现对用地的总量控制①。至于人口、环保、能源、水利、交通等专项规划，要严格按照全国及省级主体功能区规划所设定的框架加以创制，为确保专项规划能与主体功能区规划充分衔接，各类专项规划在批复前，以主体功能区规划的顺利实施为标准的评估和衔接环节必不可少。如果各规划均能置于主体功能区规划的统一指导和约束下，规划之间的矛盾与抵触将大幅度减少，规划的有效性将大幅提升，规划对于我国经济生活发展的作用将更加凸显。

其实，各规划之间的衔接与协调主体是中央政府相关部门及各级政府，政府行政机关在其中应当发挥重要的作用，具体职能交由上述国家级、省级

① 方忠权. 主体功能区建设面临的问题及调整思路［J］. 地域研究与开发，2008（6）：29-33.

主体功能区规划领导小组行使，一方面全程监督主体功能区规划创制与实施情况，协调相关政府部门，促进主体功能区之间的合作；另一方面，确保其他各级各类规划置于主体功能区规划之下，并使这些规划与主体功能区规划充分衔接，确保我国规划体系的整体性、协同性。

（五）政府主导下的公众参与机制

公众参与机制是确保政策法规创制过程的科学化、民主化、合法化的重要路径，也能最大程度提高公众对于法律法规的自觉遵守。我们要借鉴国外的相关经验，强调公众参与，提倡主体功能区规划中参与主体的多元化，拓宽公众参与主体功能区规划的渠道与途径。特别是要重视互联网络的辐射作用，提高主体功能区规划的科学性、可操作性与可接受性。

1. 主体功能区规划创制与实施中公众参与机制的必要性分析

有较长规划历史的国家非常强调公众参与，强调自下而上的规划创制与实施方式。比如德国规划从制定到实施始终贯彻公众参与的观念①，日本在计划制订中通常采用咨询方式，促进上下之间的交流，重视社会各界的意见与呼声，鼓励社会各界共同广泛参与②；法国创制计划以政府与所谓的“社会伙伴”（社会各界代表）充分协商、对话为基础；而韩国以鼓励“民间自主创意”的方式引导各类企业和社会公众对于国家经济发展的目标和政策实施“评头论足”③。这些社会参与机制对于保证规划的科学性和有效性具有重要作用，体现了市场经济法治条件下规划创制过程的法治化特征。

---

① 曲卫东．联邦德国空间规划研究［J］．中国土地科学，2004（2）：58-64.

② 以日本的第五次“全国综合开发”（简称“五全综”，制定于1998年）为例，“五全综”强调政府、企业、科教界共同参与、共同规划与共同实施，其国土审议会共有45位委员，其中众议院指定的众议员9名，参议院指定的参议员6名，各界代表30名（其中，学术界8名、民间经济界5名、公益团体1名、金融机构4名、劳动者和消费者3名、第二级政府的县级政府1名、市町村地方政府3名、科技文化界3名、评论家1名、设计人员1名）。

③ 武少俊．国家发展计划概论［M］．北京：中国人民大学出版社，1999：273-275.

鉴于此，在主体功能区规划创制与实施过程中，要大力提倡公众参与机制，以保证所有利益相关者能够平等地参与制度的制定，真正实现一种利益的博弈与平衡。如果制度都是由政府自上而下制定的，利益主体不能真正参与，丧失话语权，制度形成过程不透明，将不利于制度形成与被实施。因此，要扩大公众参与主体，加强宣传，主体功能区规划过程透明化，鼓励公众参与到主体功能区规划中来。

从制度供给上看，公众参与是社会供给模式下的制度。社会供给模式下的制度较之政府供给模式的制度更具有生命力，主要是因为：社会供给的制度是民众自己在长期的社会生活中创造或转化而来的，本身就与社会生活具有亲和性，无须国家强制力做后盾；民众自己创造的制度反映了当地的自然条件、社会条件，具有很强的适应性与生命力；社会供给的制度是由民众自己创造的，一般也能为民众自觉地认同和遵守，因而其产生和运作的成本较低[①]。现代决策理论也认为公民参与决策的范围越广，参与决策的程度越深，决策的民主化程度就越高[②]。

从经济法治的运行上来看，同样也需要公众参与。经济法治的运行不仅取决于自身的强制性、支配性和惩罚性，在某种意义上还取决于社会公众的同意和参与。目前我国积极推进经济法治过程的民主化建设，探索开放透明、鼓励公众参与的社会主义民主法制模式。应当继续加大政务公开的改革力度，建立经济领域的信息公开制度；在经济法治的各个环节拓宽公众参与渠道，创新机制[③]。

因此，无论是从制度的社会供给模式还是从经济法治运行上看，公众参与机制符合主体功能区规划的制度需求，需要从扩大参与主体及丰富参与形式等方面优化制度设计、增强制度供给。

---

① 张文显．马克思主义法理学——理论、方法和前沿［M］．北京：高等教育出版社，2003：187.

② 强昌文．以契约精神引领区域合作制度的发展［J］．江淮论坛，2012（1）：119-124.

③ 张永忠．和谐社会视域下经济法的公共治理之道——我国经济法治现象变迁的理论解释［J］．学术研究，2007（10）：45-49.

2. 扩大主体功能区规划公众参与主体

主体功能区规划的创制与实施需要多元化主体参与，政府机构、企业、科教界的广泛参与自不待言，更重要的是社会公众应当有一个表达正当诉求的渠道与平台。如果政府不按照主体功能区规划中的主体功能区定位行事，出现公众在生态补偿过程中受到非公正待遇、在人口迁移过程中生活质量和水平下降等情形，社会公众都应当被允许以非政府组织或个人的名义向政府乃至法院提出自己的诉求。

行政主体是首要参与主体，主体功能区规划涉及各级政府、各部门的利益，创制、实施至监督各阶段都离不开行政主体的组织与执行，它们既是决策者、管理者，又是参与者。因此，主体功能区规划创制与实施过程中行政主体起主导作用，行政主体的参与既是公众参与的本身，又是其他参与主体公众参与程度的重要保障；其他主体的公众参与是行政主体能否有效实施空间管治的重要保障。因此，可以说，现代意义上的公共权力日渐成为一种基于公民同意的权力①。公众参与的程度影响着主体功能区规划能否有效推进与形成。

除行政主体之外，还需要专业规划机构和科教界人士、社会公众的广泛参与，需要企业、非政府组织的广泛参与，特别需要代表普通公众的人员参与主体功能区规划，因此鼓励公众参与、畅通公众参与渠道就显得尤为重要。

3. 主体功能区规划公众参与的外在保障

主体功能区规划需要扩大公众参与，这毋庸置疑，但如何创造条件确保公众参与能够实质性地展开，需要从几个方面着手：

首先，要扩大宣传范围，此为公众参与的前提条件。要加强主体功能区理念的宣传与引导，提高各利益相关者对主体功能区内涵、意义、紧迫性的认识。对于很多人来说，“主体功能区”还是新生事物。因此，各级政府应采取多种方式，加大宣传力度，使得政府官员、企业、居民、非政府组织等相

① 罗豪才．公法视角下和谐社会的构建［J］．中国发展，2005（1）：1–5.

关主体对主体功能区建设的内涵、实施的重要性、实施的过程、实施的结果等均有比较深刻的了解[①]，在全社会形成广泛共识，得到广大人民群众的理解和支持[②]。鼓励公众广泛参与、积极参与、理性参与、实质性参与（相对于参与广度、深度严重不足的形式上参与）。

其次，要增加主体功能区规划的透明性与开放性。此举是为了确保公众参与主体的知情权。在合理的时间范围内，所有成员都有同等的、有效的机会来了解各种备选的政策及其可能的结果[③]。因此，要保证主体功能区规划创制与实施过程中的开放性，特别是在实施程序如利益补偿程序上的开放与透明，使各主体功能区规划创制和实施主体特别是普通公众的诉求能通过程序得以充分表达。亚当·斯密有一段名言："在人类社会的大棋盘上，每个个体都有自己的行动准则，这些准则的集合不同于立法者所选择的准则，如果这两个准则一致，并作用于同一个方向，人类社会的博弈将容易并和谐地进行，人类社会也最有可能幸福和成功。如果这两个准则对立或不同，博弈将是痛苦的，人类社会必定始终处于极大的混乱之中。"[④]主体功能区划的实施（程序、结果）、执行等要透明，才能切实引导各地方政府及各主体的合意行为[⑤]。

最后，要拓宽公众参与的渠道。要落实公众参与，须建立和完善公众参与的平台，虽然已有公示、征求意见、听证、提案议案等形式，但相关机制不够成熟，还需要进一步完善相关的民意调查制度、信息公开制度、听证制度等，同时进一步拓宽公众参与主体功能区规划的渠道与途径。

① 安树伟，吉新峰，王思薇．主体功能区建设中区域利益的协调机制与实现途径研究［J］．甘肃社会科学，2010（2）：85-87.

② 曾培炎．推进形成主体功能区，促进区域协调发展［J］．求是，2008（2）：15-18.

③［美］罗伯特·达尔．论民主［M］．李柏光，译．北京：商务印书馆，1999：44.

④ 谢惠芳，向俊波．面向公共政策制定的区域规划——国外区域规划的编制对我们的启示［J］．经济地理，2005，25（5）：604-606.

⑤ 安树伟，吉新峰，王思薇．主体功能区建设中区域利益的协调机制与实现途径研究［J］．甘肃社会科学，2010（2）：85-87.

在互联网时代，一定要重视电子政务平台的作用，政府微博微信、网上办事平台、政务热线等为公众参与提供便利，可以考虑开通“中国主体功能区网”，如果出现政府不按照主体功能设定违规开发，比如禁止开发区域被开发，人们就可以通过互联网立即举报，并有专门机构负责处理类似举报。民众意见通过网络得到及时反映，可以产生正向推进的作用①。要重视网络民意，网络民意折射出公众民主与权利意识的勃兴及对社会正义的追求②；要鼓励公众通过互联网等现代媒体全程参与到主体功能区规划创制与实施中来，接受普通民众的监督，收集民众的意见与建议，发挥人民群众的聪明才智。

四、平衡：利益补偿机制

马克思曾指出：“人们为之奋斗的一切，都同他们的利益有关。”③ 在主体功能区规划中，各利益主体有其自身的利益诉求，由于现在资源的有限性，有着共同需求的利益主体之间的冲突在所难免，因此利益主体之间的利益协调与平衡就显得尤为重要，特别是利益受损方的补偿机制。从利益的性质来看，需要平衡的利益有非法利益、合法利益、法外利益等④。合法利益应当给予保护，非法利益应当取缔，而法外利益的处理，应视其具体情况，（其中）最难的是合法利益之间的平衡⑤。因此，上述民主协商机制的成效往往取决于利益补偿机制的有力实施。为平衡各利益主体的利益，应加强利益补偿机制方面的制度供给，通过一系列的利益补偿机制来保证不同类型功能区都有机

---

① 许正中．中国主体功能区规划能否为万世开太平［N］．华夏时报，2011-07-30.

② 吕中国，杨玉洁．网络民意的法理学思考［J］．法治论丛，2009（5）：9-14.

③ 马克思，恩格斯．马克思恩格斯全集（第1卷）［M］．北京：人民出版社，1956：82.

④ 法外利益是指应该享有的尚未法定化的利益，它具有发生学和现实学的意义，但是不具有法律的意义。

⑤ 孙浩康．中国区域政策法制化研究［M］．北京：华夏出版社，2013：95.

会分享到规划实施带来的收益，实现“帕累托改进”①。可以说整个主体功能区战略注定是一个利益调整的过程。

（一）利益补偿机制存在的必要性分析

1. 利益主体的有限理性

主体功能区规划涉及不同的利益主体，无论是公民个体、企业还是政府机关，都具有理性，但往往是有限的，特别是政府（统治者、代理人）“既不会比常人更坏，也不会比常人更好”②。因此，每个利益主体会意图谋求自身或相关主体利益的最大化，“趋利避害”，涉及稀缺的资源，会尽力争取；涉及资源和环境保护的问题时则相互推诿，相邻地区经常发生不合理开发利用矿产资源和相互转嫁环境污染的“以邻为壑”的现象，这使得原本就很难解决的资源浪费和生态环境破坏等问题变得更加严重③。涉及地方政府提供公共服务会受到外部经济和外部不经济④两个因素的影响，比如，江河的上游地区政府加强生态保护，提供生态公共服务，受益的不仅仅是自己，还有中下游地区，“外部经济”情形出现；但如果共同受益的中下游地区政府不愿意承担部分上游政府进行生态保护时所支出的治理费用，上游地区政府将丧失积极性，放任水土流失、污水排放，导致中下游地区遭受洪涝灾害、水质变坏，此时，“外部不经济”情形出现。“地方政府公共服务的外部性会影响社会整体公共需要的满足和地区间经济关系的协调”⑤，因此，当某利益主体“得之不应得”“失之不应失”，就会出现类似“无人为生态公共服务买单”困局的

---

① 帕累托改进（Pareto improvement）又称帕累托改善，属于微观经济学范畴，其以意大利经济学家帕累托（Vilfredo Pareto）命名，并基于帕累托最优（Pareto efficiency）基础之上。帕累托最优是指在不减少一方福利的情况下，就不可能增加另外一方的福利；而帕累托改进是指在不减少一方的福利时，通过改变现有的资源配置而提高另一方的福利。

② ［美］詹姆斯·M. 布坎南. 自由、市场和国家——80年代的政治经济学［M］. 平新乔，莫扶民，译. 上海：三联书店，1989：29-41.

③ 姜德波. 地区本位论［M］. 北京：人民出版社，2004：74.

④ 外部性是指生产与消费会给不直接参与这种活动的企业或公民个体带来有害或有益的影响，其中有益的影响称为“外部经济”，否则就是“外部不经济”。

⑤ 吴强. 政府行为与区域经济协调发展［M］. 北京：经济科学出版社，2006：105.

出现，利益主体之间的权利和义务再分配就显得尤为重要。

2. 利益主体本身强弱势之客观存在

由于地理区位、历史传统、国家阶段性发展战略等因素的影响，很多利益主体获取利益的能力各异，利益分配中的话语权也有差别。我国东、中、西部发展不均衡由来已久，发达地区与落后地区已客观形成；而大江大河的上下游地区，从国土空间的整体布局出发，中央政府会要求上中下游发挥不同的主体功能，一般中下游为重点开发区或优化开发区，而上游地区会由于承担生态修复、水源涵养等主体功能，难以成为重点开发区域，由此导致的产业结构及产业利益分布不均衡，这样会产生经济发展主动权与被动权之分野。传统意义的区域经济合作关系，能部分解决利益分享问题。然而，“利益分享机制”无法解决所有矛盾，这样就有了建立“利益补偿机制”的必要①。

3. 主体功能区之间长期合作博弈的需要

与前所述，区域之间能否横向合作，取决于合作体内成员之间的民主协商，但这又取决于区域利益分享机制与补偿机制的实施与完善。因为只有建立在利益共赢基础上的区域合作才能够稳定与持久。因此，可以通过规范的制度设计来实现利益在相关主体之间的有序转移、合理分配，让相关主体都能分享合作的成果。这种机制既可以均衡区域内各方利益，促进区域合作的长期化，也可以使区域内的地方政府意识到，只有选择合作策略才能增进和分享共同的利益②。博弈本身是包含“合作”意蕴的，有利益才有博弈的可能，有利益补偿才能实现有合作的博弈。也只有完善利益补偿机制，对限制和禁止开发区域实行补偿政策，以便这些地区最终实现“不开发的发展”“不开发的富裕”“不开发的繁荣”，从而在全国范围内构建各地区共同发展、共同繁荣的新格局③。

---

① 胡荣涛，张许颖，苏明吾，等．产业结构与地区利益分析［M］．北京：经济管理出版社，2001：266.

② 郑佳明，曹监湘．两型社会研究：“资源节约，环境友好，跨越发展”课题成果［M］．北京：新华出版社，2009：7-9.

③ 童海华．展望2012区域经济发展：主体功能区推进不容乐观［N］．中国经营报，2011-12-24.

（二）平衡协调机制是经济法治与软法的要求

平衡协调是经济法的一项重要原则，其是指经济法的立法和执法要从整个国民经济的协调发展和社会整体利益出发，来调整具体的经济关系，协调经济利益关系，以促进、引导或强制实现社会整体目标与个体利益目标的统一①。平衡协调无论在公共经济管理还是经济活动领域中，均发挥着基本指导准则的作用。只有通过经济法的平衡协调，方可创造并维护一个令市场机制和民法得以发挥作用的外部环境②。

平衡协调原则的基本要求，就是经济法的制定及实施各个环节，都应体现经济自由与经济秩序的统一、社会效益与经济效益的统一、实质公平与社会效益的统一、经济民主与经济集中的统一、“看得见的手”与“看不见的手”的统一、国家调控与市场资源配置的统一这些价值和理念③。主体功能区规划作为经济法制的组成部分，其在创制、实施之中对相关利益主体进行利益补偿是经济法平衡协调原则的要求。

同时，有学者认为，在新的时期，法律应以契约伦理为基础，对利益调整必须遵循以下一些原则：制衡、沟通、秩序、公正四原则④。对利益的制衡是法律基于契约伦理的要求，作为软法的主体功能区规划创制与实施恰恰强调平等互利、民主协作、合作共治、柔性管理、利益诱导等特征，可见，利益平衡机制也是软法的要求。

（三）西方经验

国外曾经运用的利益补偿的方法对于我们有借鉴意义。对于欠发达地区，中央财政运用自身的驾驭能力，集中财力，以财政支出的方式在各利益主体之间进行再分配。如日本政府中央财政占到整个财政的70%，其中大部分拨

---

① 史际春，邓峰．经济法总论［M］．北京：法律出版社，1998：165.
② 史际春．经济法［M］．北京：中国人民大学出版社，2005：90.
③ 曹平，高桂林，侯佳儒．中国经济法基础理论新探索［M］．北京：中国法制出版社，2006：38.
④ 强昌文．权利的伦理基础［M］．合肥：安徽人民出版社，2009：166-168.

付给地方政府，在非均衡发展时期，主要是拨给重点开发地区；在均衡发展时期则主要拨给落后地区。对落后地区的支持明显体现在财政补贴上。比如，政府给予北海道的开发项目补贴均高于其他地区①。

美国早年曾专门划定了一些范围大小不一（同区域或跨区域）的特殊功能区域，在这些特殊区域内采取征收特种税收和发行公债等灵活财税政策，所获资金专款专投，维持管理机构的正常运转，供给区域内所需公共服务。如美国洛杉矶社区重建局在全市确定的 34 个重建区内征收特殊的房地产交易税并发行公债，筹集资金用于社区重建中的道路、管网建设并满足社区重建局的基本运转经费②。援助欠发达地区的方式也是政府从经济发达的东北部、中北部征集巨额税收，通过财政支出的各个渠道，将相当一部分资金用于南部和西部的经济发展③。

德国在全国统一之后，为迅速缩短东、西德之间的差距，采取了很有特色的做法，即于 1990 年建立“统一基金”，专门用于援助原东德地区④。

欧盟主要是通过结构调整来推动区域经济发展、缩小地区差距。其借助的手段主要是各类基金，这是欧盟实施区域政策最常用、最重要的方式。在各类基金使用中，摒弃长期经济援助，强调受援地区自主发展、可持续发展能力的培养；施援领域为受援地区的薄弱领域，如教育、生态环保、基础设施建设等。同时，把受援助国政府和地区的有效管理作为接受的前提，把基金使用效果的好坏作为下一步援助的考察依据，以促使政府改进管理制度、提升管理能力⑤。此项并非“一补了之”的制度设计，对于我国很有借鉴意义。

---

① 衣保中，任莉．论日本的区域经济政策及其特色［J］．现代日本经济，2003（5）：18-23.

② 高国力．美国区域和城市规划及管理的做法和对我国开展主体功能区划的启示［J］．中国发展观察，2006（11）：52-54.

③ 石风光，李宗植．美国、日本区域协调发展政策实践及启示［J］．国际问题研究，2008（5）：28-33.

④ 蔡玲．德国区域援助政策对我国实施西部大开发战略的启示［J］．财政研究，2000（8）：20-22.

⑤ 李艳．欧盟基金支持欠发达地区发展的经验与启示［J］．经济问题探索，2009（1）：173-177.

（四）利益补偿机制的具体内容

有学者归纳了完整的区域补偿机制至少应包括四个方面的要素：区域补偿的主体和客体、区域补偿机制、区域补偿的方式及资金来源、区域补偿的标准与年限①。其中，区域补偿机制解决如何补偿的问题，是我们讨论的重点。

关于利益补偿的种类，有生态补偿、农产品补偿、土地补偿等，其中生态补偿为重点。各区域功能往往并不完整，但若区域有功能互补关系，就可以构建生态补偿机制进行平衡协调，一般可构建双重生态补偿机制，包括生态修复补偿机制和生态贡献补偿机制②。所谓生态修复补偿（Ecological restoration compensation mechanism），是指当某个空间范围的生态环境因经济社会发展而不可避免地遭到破坏后，采取适当措施在另一个空间范围内加强生态环境保护和治理修复，对前一个空间范围的破坏起到补偿作用。所谓生态贡献补偿（Ecological contribution compensation mechanism），是指当某个地方、单位或居民为保护生态环境做出贡献和牺牲时，由国家和受益区域通过多种途径和方式给予一定的经济补偿③。

关于利益补偿的途径和方式，重点在于“少取、多予、放活”，一般有财政转移支付、生态税收、生态补偿基金、项目支持、市场驱动等，其中财政转移支付与市场驱动是利益补偿的两个基本途径。

1. 财政转移支付

党的“十七大”即提出“围绕推进基本公共服务均等化和主体功能区建设，完善公共财政体系”，可见财政体制和财政政策对实施主体功能区战略的关键作用。总的来说，财政政策就是要提出明确的达到公共服务均等化程度

---

① 龚霄侠．推进主体功能区形成的区域补偿政策研究［J］．兰州大学学报（社会科学版），2009，37（4）：72-76.

② 危旭芳，郑志国．在主体功能区之间构建双重生态补偿机制［C］//2008 中国可持续发展论坛论文集（2）．2018.

③ 危旭芳．主体功能区构建与制度创新：国外典型经验及启示［J］．生态经济，2012（3）：67-72.

的时限，并随财政收入提高逐步加大力度，要落实对农产品主产区的均衡性财政转移资金，整合现行生态环境保护方面的支出，向重点生态功能区倾斜①。财政政策发挥作用的方式是财政部门对放弃或部分放弃开发权、经济发展机会的限制和禁止开发区域而保护生态环境的利益主体给予补偿，以实现基本公共服务均等化，促进经济社会稳定健康发展②。其中，财政转移支付在利益补偿方面发挥主要的作用。按照转移支付形式，财政转移支付可分为纵横两个层面：

一是财政纵向转移支付，即上级对下级的财政资金转移，主要包括一般性转移支付与专项转移支付。其纵向财政转移支付的补偿主体为中央与省级财政部门，补偿客体为限制开发区和禁止开发区之中的生态功能区与农产品主产区，农产品主产区的财政转移支付容易被忽视，但目前财政部已有此方面的财政转移支付。跨省转移资金由中央统筹，省内转移资金由省级政府统筹。中央财政或省级财政通过一般及专项转移支付给限制开发区和禁止开发区的政府与人民群众适当补偿，激励受援地区进一步加强生态保护、增加农产品生产，此乃持续推进形成主体功能区的重要前提。

此类财政支付实质上是政府代表生态产品的消费者购买重点生态功能区提供的生态产品③。生态产品也是有价值的，也是可以“卖”的，只是由于技术上无法切割或计量每位生产者贡献的大小和每位消费者消费的多少，只能采取政府购买即“生态补偿”的方式进行交换。政府通过这样的采购行为向社会提供公共产品，目的是使这些地区的生态财富生产行为持续进行下去④。这对于农产品主产区所起的作用是相似的。

事实上，2008 年，我国财政部就开始按照主体功能区规划的要求，建立

---

① 杨海霞．解读全国主体功能区规划　专访国家发展改革委秘书长杨伟民［J］．中国投资，2011（4）：16-21.

② 梁红梅，李玉萍．推进主体功能区建设的财政补偿政策研究——以青海为例［J］．青海社会科学，2010（1）：18-23.

③ 杨伟民．主体功能区“落地”需明晰“大棒”政策［N］．21 世纪经济报道，2012-05-15.

④ 杜黎明．主体功能区区划与建设——区域协调发展的新视野［M］．重庆：重庆大学出版社，2007：149.

生态补偿资金，2009 年至 2011 年，分别投入 120 亿元、250 亿元、300 亿元，逐年增加，向划入限制开发区的国家重点生态功能区的每个县投入 3000 万元至 4000 万元，资金投入产生非常积极的预期效果。许多地区实现了“不开发的发展”“不开发的繁荣”，在这种利益导向下，不少地区由原来的争相加入重点开发区、排斥限制开发区转向开始希望加入限制开发区。

具体做法包括：根据财力逐年提高对受援地区的转移支付系数，提高其财政收入，提高基本公共服务水平和基础设施建设；同时增加受援地区的主体功能区支出项目，支持受援地区生产出更多更好的生态产品与农产品。

二是财政横向转移支付。财政横向转移支付，即同级政府之间的补偿，在受益关系明确的情况下，生态受益地区本着“谁受益、谁补偿”的原则对限制和禁止开发区等利益受损地区加以利益补偿。补偿方式有：资金补助、生态经济援助、对口支援等，补偿目的在于：基本公共服务均等化以及经济社会同步发展。

一般认为各类“生态区”为补偿客体，如江河源头、饮用水源涵养地区、自然保护区、森林和生物多样性保护区等，而受益的经济区为补偿主体。补偿主客体可根据受益关系明确程度确定补偿标准，统筹与协调机构（可以是前文所述的跨区域合作的民主协调机构），补偿主客体之间可以签订行政区域性协议，明确各自权利与义务。浙江省在这方面做出了有益的探索，当然，浙江的重要生态功能区基本上发源于本省境内，自然生态系统相对独立，实行省直接对市、县（市）转移支付的财政体制实施生态补偿，理论上、实践上都比较可行①。

总之，财政转移支付的实施首先解决的是资金来源的问题，为拓宽中央和省级政府进行转移支付时的资金来源，可尝试开征特定税种、发行公债等灵活的财税政策，还可以尝试征收生态环境补偿基金或污染基金，改后期罚没为先期收缴，造成环境污染者将被扣除所缴基金，补偿被污染者；生态保

① 李振京，冯冰，郭冠南．主体功能区建设的制度保障调研与建议［J］．宏观经济管理，2007（5）：39-43.

护卓有成效者不但能拿回自己缴纳的基金，还可能受到基金奖励，奖惩分明，逐渐形成正向激励机制。资金的使用应着重向欠发达地区、重要生态功能区、水系源头地区和自然保护区倾斜，优先支持生态环境保护作用明显的区域性、流域性重点环保项目，加大对区域性、流域性污染防治及污染防治新技术、新工艺开发和应用的资金支持力度①。

至于补偿水平的确定，一般认为要确立生态区与经济区居民收入大致相等的目标，如果生态区人均收入仍然显著低于经济区，则利益补偿力度应加大，达到明显缩小乃至基本消除这种收入差距的目的。

当然，各地收入水平的差距是多种因素造成的，转移支付也只能解决公共服务均等化、公共物品和社会保障方面最基本的问题，单凭利益补偿的方式来消弭差距也不太现实。利益补偿受益地区的公众生活的改善提高和地区的经济繁荣还需要依靠经济发展，而不是被动地接受补偿，被动地接受补偿不会长久地维持区域之间的协调发展，“造血”胜于“输血”，“促进区域协调发展”应当由利益受损地区作为重要参与主体。“生态区”等利益受损地区目前可行的发展方式是发展生态经济、低碳经济、绿色经济以及循环经济，这四种经济互相联系，互有包含，互相促进，但总的来说都属于科学发展、可持续发展的范畴。相应的受益地区可以支援受损地区发展生态经济，在受益区与受损区之间建立生态经济的援助、实现主体功能区之间协同发展才是彻底的生态补偿，应当成为最重要的生态补偿方式。即使在划定的禁止开发区——自然保护区里，也分布着比较密集的人口。生态旅游、养殖和栽培业、水资源的利用等产业开发、生态建设与恢复都将产生就业和提供增加收入的机会，所以，即使在禁止开发区域里也同样存在生态经济援助的必要②。无论纵向还是横向，大力开展生态经济援助，才是既治标又治本的生态补偿。

2. *发挥市场机制作用*

市场机制的作用机理在于通过制度设计，用可得利益诱导市场上“经

① 李鹏．推进主体功能区建设的政策建议［J］．经济研究参考，2008（54）：12-14.

② 方忠权．主体功能区建设面临的问题及调整思路［J］．地域研究与开发，2008（6）：29-33.

济人”自动做出符合市场规律的行为，实现资源要素的优化配置。相对于政府机制，市场机制的特点在于灵活、高效率。国外发达国家，在特定区域、流域开发和治理方面发挥市场的作用，取得了良好的效果。泰晤士河、莱茵河、密西西比河、科罗拉多河、田纳西河等流域的开发与治理，就充分发挥了市场的力量①，因为由财政承担所有生态补偿、治理、建设的费用显然是力不从心的。我国主体功能区规划实施过程中的利益补偿机制，不应局限于财政转移支付，可积极探索建立符合我国市场经济体制的利益补偿机制，考虑通过排污权交易、碳排放量、土地权交易与生态服务的商品化，借助市场的力量完善利益补偿机制，引导社会各方参与环境保护和生态建设②。

比如，在土地保护方面可以借鉴发达国家的土地发展权交易制度，构建土地权益区域补偿机制，以缓解经济发展与环境保护的矛盾，协调不同区域之间的发展权益关系③。比如，可以借鉴美国州政府的做法探索建立市场驱动型的各主体功能区域之间的土地开发权流转机制，加强基本农田保护，控制各区域的开发强度于允许范围内。土地开发权流转（Transfer of development rights）是一种基于市场机制的土地政策，根据主体功能区规划，划定保留区（一般称为“发送区”）和开发区（一般称为“接受区”），土地开发权通过市场交易在两区之间转移，一旦“发送区”的土地开发权被买走，该地块将永

① 泰晤士河管理局是一个经济独立、自主权较大的水污染防治机构。管理局引入市场机制加强产业化管理，实行“谁排污、谁付费”政策来发展沿河旅游业和娱乐业，通过多渠道筹措资金，经济效益显著。1987—1988 年泰晤士河管理局总收入 5.97 亿英镑，总支出 3.86 亿英镑，上交政府的盈利为 2.11 亿英镑。产业化既解决了城市河流污染治理资金不足的难题，又促进了城市的社会经济发展。参见：由文辉，顾笑迎．国外城市典型河道的治理方式及其启示［J］．城市公用事业，2008，22（4）：16-19.

② 国家发展改革委《贯彻落实主体功能区战略推进主体功能区建设若干政策的意见》（发改规划〔2013〕1154 号）明确规定：健全生态补偿机制，着力推进国家重点生态功能区、禁止开发区域开展生态补偿，引导生态受益地区与生态保护地区、下游地区与上游地区开展横向补偿。探索建立主要污染物排放权交易、生态产品标志等市场化生态补偿模式。开展碳排放权交易试点，逐步建立全国碳交易市场。优先将重点生态功能区的林业碳汇、可再生能源开发利用纳入碳排放权交易试点。

③ 刘红．主体功能区的土地权益补偿机制构建［J］．商业时代，2010（9）：101-102.

远不能被开发[①]，但土地占有者可以从开发权流转中获得经济补偿，从而分享土地开发的收益，政府主要负责监督和推进开发区的基础设施建设。这种做法可以保护大型的生态敏感地区，为保留区和开发区的用地业主提供经济动力，鼓励开发区的开发商扩大本区现有的容量[②]。

再比如，在水资源使用上采用水资源使用权、排污权交易等市场化的补偿模式。在水资源使用权交易方面，要完善水资源合理配置和有偿使用制度，加快建立水资源取用权出让、转让和租赁的交易机制；在排污权交易方面，要探索建立区域内污染物排放指标有偿分配机制，逐步推行政府管制下的排污权交易，运用市场机制降低治污成本，提高治污效率。鼓励生态环境保护者和受益者之间通过自愿协商实现合理的生态补偿[③]。比如，美国纽约市900万人口的饮用水中，90%来源于上游的卡茨基尔河和特拉华河流域。20世纪80年代后期，由于微生物污染严重，纽约市决定购买上游卡茨基尔河和特拉华河流域的生态服务。具体方式是纽约市每年为该流域农场主提供4000万美元，让他们采取环境友好的生产方式来改善水质。资金来源包括政府对用水户征收的附加税、纽约市公债、信托基金三部分[④]。近几年，我国浙江各地积极探索异地开发、水资源使用权交易、排污权交易等多种形式的生态补偿方式[⑤]。目前我国财政部、环境保护部、国家发展和改革委员会联合起草的《排污权有偿使用和交易试点工作指导意见》已上报国务院办公室，拟在全国范围内推动建立排污权有偿使用和交易制度，具体做法是：企业新增加的排污权需要向政府或其他企业购买，老企业采取减排等措施形成的富余排污权

---

① 土地开发权流转的前提是默认每块土地平等地拥有开发权。比如，在没有土地开发权转移政策之前，“发送区”的土地开发密度为1平方公里内可以建造一幢6层的楼，而“接受区”1平方公里可以建造一幢8层的楼。土地开发权转移之后，“发送区”不许再建造建筑，而“接受区”1平方公里之内将可以建造一幢14层的楼或者两幢7层的楼。

② 陈秀山，张若．主体功能区从构想走向操作［J］．决策，2006（12）：10-11.

③ 李鹏．推进主体功能区建设的政策建议［J］．经济研究参考，2008（54）：12-14.

④ 杨海霞．解读全国主体功能区规划　专访国家发展改革委秘书长杨伟民［J］．中国投资，2011（4）：16-21.

⑤ 李振京，冯冰，郭冠南．主体功能区建设的制度保障调研与建议［J］．宏观经济管理，2007（5）：39-43.

（企业取得政府认可排污权超出企业实际污染物排放数量部分）可以出售，形成节能减排长效机制，完善市场化的利益补偿模式[①]。

此外，在产权关系明确的前提下实行排放许可证交易、配额交易、生态标签等生态补偿类型实现补偿，也不失为符合市场机制的有效利益补偿方式。

相对于行政力量，利用市场机制来进行利益补偿，更加灵活和有效，但有学者断言，单纯的市场力量一般会扩大而不是缩小地区差距[②]。因此，一方面，要大力推广、发挥市场机制的作用，进一步理顺政府与企业、市场、社会组织、公民的关系，政府在主体功能区规划实施中，须尽量减少行政强制，重在制定配套政策，积极引导而不代替市场，用利益补偿机制诱导市场主体做出符合各主体功能定位的行为。另一方面，当前中国的市场机制还未完全起到基础性、“决定性”作用。所以，发挥市场的利益补偿作用，还应由政府出面，通过培育市场机制，培育非政府组织，积极探索利益补偿的标准、水平、具体形式等，在利益各主体间进行分配，达致区域协调发展的目的。

需要指出的是，无论是财政转移支付还是发挥市场机制的作用，利益补偿机制的发挥离不开前述指标体系的形成与完善，是否补偿、补偿力度与方式、补偿时间等因素的确定建立在对相关指标的测算与论证的基础上。要加强对区域内的生态保护与经济社会发展的全面监控，确定转移支付的方式与力度；通过对环境与资源等生态产品科学定价，推进水资源、土地交易等市场的形成，促进资源和生态环境的资本化、市场化，全面实现各地区之间利益的补偿，实现经济发展与保护生态环境的双赢。

五、动力：绩效考核机制

本书中，绩效考核包括对政府绩效的考核以及对政府官员的政绩考核两

---

① 财政部将建排污权有偿使用和交易制度［EB/OL］．（2014-03-26）．http：//www. legaldaily. com. cn/executive/content/2014-03/26/content_ 5397693. htm？ node=32120.

② Gunnar Myrdal. Economic Theory and Underdeveloped Regions［M］．London：Harper & Row，1957.

个方面，适应主体功能区规划，旧有的“唯 GDP”绩效考核体系将迎来颠覆性的变化，绩效考核的主客体、内容以及相应的指标体系亦将发生相应的改变。

（一）新的绩效考核机制的必要性分析

中央及地方各级政府是主体功能区规划的实施主体，如何激励各级政府及政府官员积极实施主体功能区规划，自觉按照主体功能区规划制定相应政策，使其在与其他区域合作时能够民主协商，涉及利益补偿时，无论受益区还是受损区都能够不仅仅局限于地方利益？仅仅依靠地方政府及政府官员的“自觉”是靠不住的，需要其他法宝，即改变官员的政绩观，改变考评标准。专业化的机制首先是设计一套评价标准，这些评价标准必须是科学的、合理的，能够为百姓所接受的[①]。因此，建立以新的评价标准为基础的地方政府及地方官员绩效考核和政绩考核机制就显得尤为重要。

传统的地方官员的政绩考核都以地区生产总值（GDP）数量作为主要考核指标，所以地方政府就会想尽一切办法做大 GDP，这给形成满足主体功能区需要的政绩考核体系建立带来很大困难[②]。传统的绩效考核机制明显不符合主体功能区规划的创制与实施，无论是抑制地方政府非理性的政绩冲动还是提供适合主体功能区规划的价值导向都需要新的绩效考核机制。

第一，抑制各级地方政府非理性的政绩冲动需要新的绩效考核机制。地方政府一方面被赋予了相应的发展权与争取本地利益的权利，一度激发了地方经济的活力；另一方面，作为独立的利益主体，地方政府往往有非理性的政绩冲动，往往更强调只对 GDP 数量负责，而相应地对地方的节能降耗、生态环境、基本公共服务、可持续发展等需要“长线关注”的事业缺乏必要的关注。新的绩效考核机制会有效抵制这种冲动，将地方政府的注意力转移到地方的主体功能区规划中来，自觉遵循主体功能区定位与约束，在激励与约

---

① 许正中．中国主体功能区规划能否为万世开太平［N］．华夏时报，2011-07-30.

② 杨伟民．不能让 GDP 到处生长［J］．商周刊，2011（11）：42.

束交互下规范自身的行为。同时，新的政绩机制，能保持对官员政绩考核的连续性，增强民众对官员绩效评价的话语权，有望修正官员的唯GDP政绩观，逐步摆脱中央与地方GDP打架的尴尬①，实现政府职能的华丽转型。

第二，提供适合主体功能区规划的价值导向需要新的绩效考核机制。以主体功能区规划为基础的新的绩效考核将多元化发展，政府对不同的主体功能区的考核标准各不相同，不唯以GDP论英雄，发展农业主产品、生态保护、扶贫开发等都有可能在地方政府绩效考核进而在领导干部政绩考核、任用、选拔、奖惩中起到一定的影响。适合于主体功能区规划的绩效考核体系编制之后，将引导地方政府和地方官员按照主体功能定位进行开发与发展，推进完成主体功能区既定目标，科学进行空间治理与开发，考核更具科学性，可操作性更强，更具有参照意义，更能调动地方政府的积极性。

（二）唯GDP理念的纠偏

长期以来，大多数地方政府对于GDP的崇拜着实推动了全国经济的发展，但同时也造成了许多地区盲目开发、过度开发、无序开发等恶果。因此，必须从理念高度纠正唯GDP崇拜的思想。对于地方政府唯GDP理念的纠偏要先于技术路线的设计，要强调基于主体功能区规划的“绿色GDP”的理念。绿色GDP核算体系只是一个技术问题，可将生态保护、资源环境成本、基本公共服务均等化都列入核算指标体系，而这些可以通过相关统计人员和经济核算人员来完成，当前的关键在于各级政府能打破唯GDP的传统意识，能将主体功能区定位与地方社会经济建设统一起来。当然，理念的贯彻还需要相应机制的保障，要有合适的激励约束机制，要有合理的政府官员选拔任用标准，要有法律制度的规范与强制，这样方能使绿色GDP理念转化为各级地方政府的自觉行为规范。

---

① 以2012年为例，2012年全国各省（区、市）核算出的GDP相加总量达到57.69万亿元，比国家统计局此前公布的2012年初步核算的国内生产总值51.93万亿元，高出5.76万亿元，相当于多出一个广东的经济总量。专家分析，地方政府统计数据“注水”是主要原因。

（三）绩效考核机制的具体设计

1. 绩效考核主体与客体

主体功能区规划实施中对地方政府的绩效考核分为两级体制，一是中央政府对相关部门、省级政府及官员（通常是部长、省委书记、省长等）的绩效考核，二是省级政府对地市县级政府及官员（通常是地方党政“一把手”等）的绩效考核。在这两类绩效考核之中，考核主客体明确，关键在于上一级考核主体制定适合管辖区域内各主体功能区的考核指标，改变相同主体功能区因行政区不同导致考核指标各异的情况。因此，要加强现有绩效评估主体的协调与统筹、评估工作的系统性和综合性①。可以将考核主体整合为前述的区域合作协调机构——主体功能区推进领导小组，将考核客体根据主体功能区定位加以分类，同类主体功能区考核指标相同，考核方式也相同，这样取得的绩效考核结果将具有可比性，更有说服力。此外，完善非政府组织作为第三方机构参加对各级政府的政绩考核②，将考核结果与地方政府上报的年度数据进行对比核算，增强考核的公开、公平与实效性。

因此，绩效考核主体趋向多元化发展，要逐渐形成“党委领导、政府负责、部门协同、群众参与、舆论监督”的工作机制③。完善新的绩效考核机制需要一个过程，当前，可以考虑将生态保护、基本公共服务均等化等主体功能区规划实施指标嵌入既有的绩效考核体系之中，赋予相关指标以一定的权重，引导地方政府及地方官员积极实施主体功能区规划，推动主体功能区的形成。

2. 绩效考核内容

对政府的绩效考核不能简单沿用传统考核经济组织的指标和方法，不能

---

① 何凤秋．落实全国主体功能区规划，构建科学绩效评估体系［N］．中国纪检监察报，2011-06-24.

② 2012 年，湖北省钟祥市委市政府曾委托上海复旦大学公共绩效与信息化研究中心作为第三方机构对该市公安局和旧口镇的领导班子、领导干部 2012 年度工作绩效开展测评。参见：领导政绩如何，广听群众意见——钟祥引入第三方机构参与政府绩效考核［N］．中国纪检监察报，2012-12-25.

③ 熊志强．主体功能区规划重在执行［N］．中国国土资源报，2012-06-28.

唯GDP马首是瞻，要针对不同的主体功能区类型制定不同的考核指标体系，特别是针对限制开发和禁止开发区，政府要改变以前一律考核增长速度、工业化、产业结构、城镇化等指标，要着重考核基本公务服务均等化、生态保护、水源涵养、农田保护、森林覆盖率等方面的指标，加大非经济因素方面的考核权重。要分类评价、分类考核，引导合理的空间开发，具体来说：

优化开发区域，重点评价优化经济结构和转变发展方式的状况，强化对经济结构、发展现代服务业、资源消耗、环境保护、自主创新以及外来人口公共服务覆盖面等的评价，弱化对经济增长速度、招商引资规模等方面的评价。

重点开发区域，优先评价工业化和城市化水平，综合评价经济增长、质量效益、产业结构、就业与工业化和城镇化、社会和生态环境以及吸纳人口规模和外来人口公共服务覆盖面等。

限制开发区域，实行生态保护和农业发展优先的绩效评价，生态保护方面主要评价水质、水土流失治理、森林覆盖率、生态产品提供能力等生态环境状况指标；农业发展方面主要评价农业综合生产能力、农产品保障能力和公共服务水平等，不再考核地区生产总值、投资、工业、财政收入和城镇化率等。

禁止开发区域，实行自然文化遗产保护优先的绩效评价，主要评价自然文化遗产保护的情况和公共服务水平①。

3. *考核指标体系的构建*

如前所述，考核理念的贯彻、考核主客体的明确、考核内容的实现都需要完成一项基础性工作，即根据各类主体功能区承担的功能定位制定比较翔实的、切实可行的考核指标体系。监测指标不单是可操作、可量化的具体数值指标，更是体制、机制的体现，与现行的政绩考核机制、财税制度以及各

① 李振京，冯冰，郭冠南．主体功能区建设的制度保障：调研与建议［J］．宏观经济管理，2007（5）：39-43.

项政策措施密切相关①。

考核指标体系设计应当以主体功能区形成为目标，以“科学发展、分类导向、分类考核、规范客观、简练可行”为原则，设定经济发展、环境保护、社会发展、民生状况、社会稳定等大类，根据不同主体功能区设定不同小类及大类所占权重。

在构建指标体系过程中，为了更好地构建符合主体功能区规划的绩效考核机制，在发挥中央、省级政府对下一级部门进行考核的同时，要充分发挥地方的积极性。完善自下而上的考核程序与自上而下的官方考核程序相结合的指标体系形成机制，引入非政府组织的三方考核，加强电子政务公开，拓宽信息来源渠道，加强信息自下而上的反馈，引导公众有效参与，将绩效考核指标体系扎根于基层，使绩效考核成为政府及官员行为的“风向标”与“指挥棒”，推进主体功能区形成，让公众切实感受到主体功能区规划带来的改变与成效。

六、小结

当前我国传统的硬法的缺失把软法机制推至制度的前沿，软法机制成为当前破解主体功能区规划创制与实施难题的重要制度设计，软法之治顺应了主体功能区规划的需求，有助于差别化分类区域管理的实现，软法机制不但能对硬法机制进行必要的补充，在某些制度安排上能独当一面，四个软法机制形成了较为完备的主体功能区规划的内在软法机制体系：规划指标确立机制奠定基础，民主协商机制提供保障，利益补偿机制建立平衡，绩效考核机制激发动力。

① 石刚．中国主体功能区的划分与评价——基于承载力视角［J］．城市发展研究，2010，17（3）：44-50.

第四章 主体功能区规划的外部硬法保障

正如前述的硬法有其缺陷一样，软法的多样性、灵活性、回应性、协商性、柔性等优点同时又是软法的先天不足，而硬法的明确性、刚性、国家强制力保障等特征恰恰能与软法互相弥补、取长补短，有的时候甚至能相互转化。也就是说，软法的固有缺陷可能成为消极法律文化和人治传统延续的渠道，也可能成为中央或地方官僚非法行为的借口，但是这种缺陷是可以被硬法律的规制和公民的有序政治参与等力量所瓦解的①。软硬法并举共同回应多变的社会现实，方能实现融秩序与自由、公平与效率于一体的理想法治图景。主体功能区规划的内在软法机制在创制、实施过程中会面临诸多缺陷和不足，需要硬法自外部给予刚性的保障，而软硬法混合治理是当今主体功能区规划创制实施的理想模式。

一、主体功能区规划硬法保障的必要性分析：软法机制的缺陷

（一）非国家强制下的软约束

相对于硬法所具有的国家强制力的“硬约束”而言，软法所具有的约束

① 梁剑兵，张新华．软法的一般原理［M］．北京：法律出版社，2012：286.

力是一种“软约束”：这种约束力不是来自国家强制，而是侧重于激励机制来引导主体行为的选择，诸如组织纪律、社会舆论、公共道德及文化传统等方面的约束。非国家强制性确实便于主体功能区规划对社会现实的快速回应，但也正是由于非国家强制性，使得主体功能区规划对于相关利益主体的权利义务缺乏明确配置，不能像硬法一样通过明确的法律责任规则或诉诸司法通过司法机关进行责任追究。因此，规划所采取的非强制性措施具有不确定性，而无法保证法律预期的全面兑现。此外，主体功能区规划对于社会现实的快速反应，有可能损害法律的逻辑性、体系性和稳定性，在社会公众面前很难树立起法律至高无上的权威和信仰，这与现代的法治精神是相违背的，在落实的过程中更易被地方政府以“上有政策、下有对策”的实用主义权力运作方式所消解。如我们注意到，由于各省都有国家级重点开发区，有的还与其后出台的主体功能区规划严重冲突，主体功能区的创制、实施过程存在被实施主体消极对待、抵触进而被化解、被边缘化的危机。另外，由于各级各类规划的审批主体不明确、不对称，事实上由部门主导的规划在决策时，因缺乏规范的协调机制，当部门间存在不同意见时，要想通过规划，只能是“抹平”各种不同意见，结果使规划内容大打折扣，失去应有的功效①。

（二）非司法中心的法律效力欠缺

法律效力的实现无非有两种进程，即内在机制的引导和外在机制的压力。主体功能区规划效力的实现主要借助软法的内在机制的引导，集中在舆论（熟人社会）的压力、共同体的排斥等②③，但这并不总是可靠的。外在机制（主要是硬法机制）以其明确的责任条款（包括责任形式、追究程序、惩罚后果等）和以国家强制力为后盾的司法纠纷解决机构会促进主体功能区规划法

---

① 杨伟民．发展规划的理论和实践［M］．北京：清华大学出版社，2010：11.

② 毕雁英．社会公法中的软法责任——一种软法及其责任形式的研究［C］//罗豪才．软法与公共治理．北京大学出版社，2006：265.

③ 牟效波．软法在什么条件下靠得住？——从软法的实施切入［C］//罗豪才．软法与公共治理．北京大学出版社，2006：236-237.

律效力的更好实现。

此外，作为软法的主体功能区规划效力实现的非司法中心主义决定了规划不能得到司法认可，不能成为法院判案依据，在涉及争端解决方面，不能依据规划追究相关主体的责任，更不具有终极裁决的意义。从国外司法实践来看，各国法院对软法有着不同的态度，但有一点是一致的，即不承认软法可以由法院直接实施作为判决的依据①。因此，主体功能区规划给相关主体强加的共同体内“谴责—丢面子”（Blame and shame）带来的“出局”压力可能不至于转化为相关主体的自觉行动，这种内部建立的激励与惩罚机制可能失之标准化与可预测性，相关主体的行为往往缺乏衡量标准，影响对相关利益主体行为的公正评价，同时也影响到对规划权威的尊重。

（三）易造成表面协商的假象

民主协商是软法的特征之一，也是主体功能区规划的重要软法机制之一，利益主体各方充分参与、充分协商，唯此才能加强主体功能区规划的可接受性与执行力度，但实质民主协商的前提是协商主体能处于平等的位置，拥有对话的平台，如果协商主体存在强弱势之分，或协商平台不能有效搭建，协商主体之间的协商往往是表面的，结果“内定”，均会偏向强势一方。主体功能区规划与实施过程中就生态环保、人口迁移等问题提倡公众广泛参与、充分讨论，但这往往是表面协商的假象。因为，在有政治纳入而无有效参与或发言的情况下，贫困公民常常别无选择，不得不服从政治决定②。此时，需要运用硬法制约之下国家权力的制约，给予主体功能区规划实施主体以强大的政治压力，保证非政府组织以及公众的合理预期，尽可能减少表面协商情况的发生。与此同时，司法机关也可以建立程序上的要求保证实质协商的

---

① 罗豪才．软法与公共治理［M］．北京：北京大学出版社，2006：285-287.

② ［美］博曼．公共协商：多元主义、复杂性与民主［M］．黄相怀，译．北京：中央编译出版社，2006：96.

进行①。

（四）调整社会经济生活中成为恶法的可能性

如前之所述，软法机制从多维角度保障主体功能区规划的创制与实施，人们期望规划实施过程中的指标体系完备，民主协商、公共参与充分，利益补偿能满足受损区要求，绩效考核的引导作用有效。但现实很可能并非如此，软法机制在很多情况下无法自足，参与人主要从自身利益出发，整体利益排在第二位。博弈论的分析已经告诉我们，在每个参与人都是理性的情况下，博弈结果有可能是非理性的，将损害集体利益并反过来损害个人利益，如著名的“公共地悲剧”（Tragedy of the commons）和“反公共地悲剧”（Tragedy of the anti-commons）②③。软法在现实中可能会异化为“恶”软法，很可能会产生公众参与不充分，缺乏科学性和民主性问题。软法可能是恶法的现实要求，我们必须将软法置于宪法之下，必须接受相关硬法框架的约束④。

二、主体功能区规划硬法保障的域外经验及借鉴意义

国外尽管没有明确的“主体功能区规划”的提法，但相类似的空间规划以及特定区域管理方面却积累了大量的经验，其经验之一即是将法律（即本书所指的硬法）作为编制与实施空间规划与区域管理的依据与保障，纵览国外相关规划发展历程，无不闪耀着法律的威严和光辉。借鉴各国经验，有利于我国主体功能区规划硬法保障体系的构建。

---

① 程迈．软法概念的构造与功能［C］//罗豪才．软法的理论与实践．北京大学出版社，2010：25-26.

② 姚从容：重新解读“公共的悲剧”［J］．财政理论与实践，2004，25（4）：17-22.

③ 寇宗来：反公共地模型：一个捕鱼模型［J］．世界经济文汇，2002（5）：42-53.

④ 罗豪才．软法的理论与实践［M］．北京：北京大学出版社，2010：31-32.

（一）美国经验

与美国的联邦体制相一致，美国的区域规划是国家“不统不控+政策当先”体制下的生成模式。这种模式的特点是国家一般对规划不作集中统一管理，也不强调区域安排，各种规划由区域或城市自行编制①。因此，美国区域立法侧重于区域整体的开发和协调发展，并没有专门针对区域规划机制的统一立法，只是在单行法律中分别针对特定类型的流域规划、区域发展规划、都市圈规划、区域交通规划等进行附带性规定②。

早在美国“西进”运动中，美国颁布了《宅地法》（1862 年）、《鼓励西部草原植树法》（1871 年）、《沙漠土地法》（1877 年）等法令，推动植树造林与土地开发③。

关于特定区域规划，田纳西河流域的开发堪称范例，为开发此流域，1933 年，美国国会通过并由时任总统富兰克林·罗斯福签署《麻梭浅滩与田纳西河流域开发法》《田纳西河流域管理局法》，其中批准成立了田纳西河流域管理局（Tennessee valley authority，简称 TVA），负责规划、组织、协调和管理田纳西河流域的综合开发。田纳西河流域几十年的开发实践使之成为特定欠发达地区在自治基础上进行资源开发、摆脱贫困的一个成功典范，与此相类似的法规还有 1965 年通过的旨在解决阿巴拉契亚区域长期贫困的《阿巴拉契亚区域开发法》。为保障开发，1965 年通过的《公共工程和经济开发法》明确规定，联邦政府应帮助困难地区发展必要的公共设施。1993 年，克林顿签署了《联邦受援区和受援社区法案》，这是美国第一个比较系统解决欠发达地区发展问题的法案，其不仅对受援地区、援助目的、具体措施、援助目标

① 殷洁．区域经济法论纲［M］．北京：北京大学出版社，2009：59.

② 李煜兴．我国区域规划法治化的途径与机制研究［J］．河北法学，2009（10）：73-76.

③ 1862 年出台的著名的《宅地法》规定，符合条件的美国公民，只要付 10 美元，就可以获得西部 160 英亩土地。1871 年的《鼓励西部草原植树法》规定，只要在自己的土地上植树 40 英亩并成功保持 10 年，即可获得 160 英亩联邦土地。1877 年的《沙漠土地法》规定，只要移民在产权登记之后三年对土地进行了灌溉，即可以每英亩 25 美分的价格购买 640 英亩土地。我们会发现，正是这种受到法律保护的利益驱动，构成了美国人西进的原动力。

等基本问题有明确的界定，而且对受援区接受援助的方式也提出了要求，提高地方公众的参与热情。该法案实施效果明显，以密西西比州受援地区为例，该地区失业率从 1995 年 8 月的 10.3% 下降到 1996 年 8 月的 6.7%。

（二）德国经验

德国是世界上最早进行空间规划的国家之一，有关空间规划的法律最早可以追溯到 1900 年的《萨克森建筑法》，1960 年制定《联邦建筑法》，1965 年又通过了《联邦空间规划法》，将空间规划划分为联邦、州、地区、乡镇四级。20 世纪 70 年代，德国各州都颁布了相应的空间规划法，并据此编出了州级空间规划（规划期 15～20 年），1971 年颁布《城市建设促进法》，1987 年《联邦建筑法》与《城市建设促进法》合并调整为《建筑法典》。因此，目前德国国土空间规划的职责、内容和编制原则由《空间规划法》和《建筑法典》确定。

更重要的是，德国宪法即《基本法》明确规定“要在全国各地实现均等化的生活水平”，这是区域协调发展与区域规划的宪法依据。德国宪法同时规定，联邦政府与州政府之间是一种相互协调的关系，在地区经济发展中联邦政府必须占 50% 比重的任务①。

根据改善地区经济结构的法律，德国制订了“地区经济的框架计划”，被誉为德国地区经济发展的“圣经”（每年度有一个框架计划），它规定什么地区该受援助，援助多少，这是宪法精神的具体化。可以看出，德国政府很少通过“人治”的政策优惠和扶持来支持区域发展，而是一切依法律行事②。

德国把缩小地区差距，实现经济、社会发展的平衡作为经济发展的目标，颁布了《促进经济稳定与增长法》《投资补贴法》等，通过法律手段把区域产业政策和区域发展政策有机结合起来，利用财政收入平衡法及财政补贴，促使发达地区的资金、劳动力等生产要素向落后地区流动，从而实现国民经

① 陈瑞莲．欧盟国家的区域协调发展：经验与启示［J］．政治学研究，2006（3）：118-128.
② 陈瑞莲．欧盟国家的区域协调发展：经验与启示［J］．政治学研究，2006（3）：118-128.

济活动的空间平衡[①]。颁布《联邦改善区域结构公共任务法》规定联邦和州共同出资，对落后地区及结构薄弱地区的援助责任和补贴按比例确定下来。1970年德国又颁布了《联邦财政平衡法》，明确规定通过州际及州与地方的税收再分配，保证各州人均税收的均等[②]。

（三）日本经验

日本将国土开发规划与区域发展规划作为干预经济社会生活、进行宏观调控的一种手段，20世纪40年代，日本政府制定了《国土开发计划纲要》。日本于1950年制定了国土综合开发规划的基本法——《日本国土综合开发法》之后，1962年根据该法案开始制定第一次“全国综合开发规划”，将规划纳入合法的轨道。至1998年，日本共制定完成了5次全国综合开发规划，为整个日本的区域发展格局和国土开发结构奠定了基础。1974年日本又制定了《日本国土利用规划法》。日本以完备的立法体系保障跨行政区规划的实施与管理，保证规划的权威性和执行力。

为开发北海道，日本首先制定《北海道开发法》，以该法的实施为标志将北海道开发一开始就纳入法制轨道，以法律为依据进行开发，保证开发进程的规范性、稳定性和连续性。日本北海道开发是成功运用法律促进区域经济协调发展的典范。此外，日本相继颁布了《东北开发促进法》（1957年）、《九州地方开发促进法》（1959年）、《北陆地方开发促进法》（1960年）、《四国地方开发促进法》（1960年）、《城市振兴开发特别措施法》（1971年）等。

（四）欧盟经验

1958年欧盟签订的《欧洲经济共同体条约》，是欧洲一体化的基本法律基础之一。该条约的前言强调：“切望通过缩小存在于各区域间的差距和降低

① 朱容．法治建设与区域经济发展研究［M］．成都：西南财经大学出版社，2007：66.

② 司俊，孙德才．借鉴德国区域援助政策　积极实施西部开发战略［J］．内蒙古财会，2001（8）：6-8.

较贫困区域的落后程度，加强各国经济的一致性和保证它们的协调发展。”①1987 年欧共体通过的《单一欧洲法令》② 之第五章明确规定了欧共体地区政策的总体目标是“经济与社会聚合”（Economic and social cohesion），缩小区域间差距；《单一欧洲法令》还将“聚合”的理念植入《欧洲共同体条约》，《欧洲共同体条约》第三部分第十七章“经济与社会聚合”的第 158—162 条中就对欧共体地区政策的总体目标做了详细的界定。

（五）发展中国家经验

发展中国家在区域规划政策及立法方面同样也有值得借鉴的地方，现以印度、巴西、南非三个国家为例加以说明③。

同中国类似，印度亦有“五年计划”，第十一个五年计划（2007—2012）期间，印度倡导区域的平衡发展，其常用的政策手段是投资项目布局以及财政转移支付等；印度实行自上而下的国土空间规划，这些国土空间规划对各地区的发展起着指导方向的作用。

巴西在区域发展方面的立法相对较早，1946 年巴西宪法第 199 条即有规定：联邦收入的 3% 必须用于亚马逊地区的经济社会开发；3% 必须用于东北部地区的开发；1% 必须用于圣弗朗西斯河谷地区的开发。此明确规定无疑为不发达地区的开发资金提供了法律保障。1961 年巴西政府在第 3995 号法令中，对发达地区中已经或希望在欠发达地区投资的企业采取了一系列的财政鼓励政策和措施，以吸引发达地区的私人资本投入欠发达地区的经济社会发展中。

1995 年，南非开始结合整个南部非洲的发展公布了《空间发展法案》，并成立了南非开发银行来执行《空间发展法案》，这一空间发展法案的主要目的在于促进空间增长极的形成和发展。再如，南非的某些特定地区还被允许

---

① 张可云．“胡萝卜加大棒”：国外区域协调发展启示［J］．时事报告，2007（5）：34-37.

② 《单一欧洲法令》也叫单一欧洲文件，是指欧共体成员国于 1986 年在卢森堡签署的推动欧洲一体化进程的文件。

③ 孙浩康．中国区域政策法制化研究［M］．北京：华夏出版社，2013：85-87.

自己出台相应的规划和发展法案来指导该地区的发展，这一类法案通常由地方政府来制定实施，如《西开普郡的规划和开发法案》。

印度、巴西还有南非三国均有针对特别地区的个别立法。如印度2005年通过《经济特区法》，规定了发展经济街区的政策优惠等，2009年颁布实施的《特别投资区域法》对类似于中国的经济特区、经济技术开发区、产业园区的发展做出了具体规定；巴西以“开发计划”作为开发立法的具体形式，比如1964年开始实施的“开发中西部计划”，此后的20年间，巴西总共实施了289项移民垦殖计划；南非1993年公布实施《区域产业发展法案》，同时依据该法案成立了区域产业发展委员会，指导产业园的发展。

（六）域外经验对中国主体功能区规划硬法保障的启示

国外经验表明，区域规划的实施与成功依赖于法律的保障，而不是“人治”；法律体系较完备，相关法律的位阶较高，在有的国家高至宪法层面；相关制约、激励措施，如工业发展许可、财政收入平衡和财政补贴以及落后地区接受援助的方式等均由法律规定；特定区域的开发及特定区域的管理机构，均由个别立法做出规定等。

当前，无论是在理论界还是在实务界，以完备的立法建设为主体功能区规划的创制和实施保驾护航，已成各界共识。然而，我们清醒地看到，我国主体功能区规划实施时间不长，思想与理论准备不够充分；主体功能区规划行政色彩浓，政府在主体功能区规划创制与实施中起主导作用，立法相对滞后，法治环境有待优化，造成了法律在主体功能区规划创制与实施中的缺位，主体功能区规划创制与实施的法律保障明显不足，这是当前亟待研究解决的重要问题。

目前，我国实施土地利用总体规划有《土地管理法》《土地承包法》保障，实施城市总体规划有《城乡规划法》保障，明确操作与监管部门，且制定有相应的实施细则、评估办法。作为统领性、基础性、战略性的规划，主体功能区规划反而缺少相关的法规作为支撑和保障，这与主体功能区规划的战略地位甚不相符，不利于主体功能区战略的稳定持续推进，不利于统领和衔接其他规划，也不利于组织、协调、动员主体功能区规划创制、实施部门的工作。比如，规划实施部门的缺失就需要尽快解决，虽然国务院明确了主体功能区规划由国家发改委牵头创制、实施，但涉及区域管理的部门较多，除国家发改委之外，还有财政部、住房和城乡建设部、国土资源部、环保部、农业部、林业部、民政部等。如果分工不明确，涉及部门太多，反而不利于主体功能区规划的有效落实。各省市的主体功能区规划也是由各省市发改部门牵头创制、实施，但发改委并不是一个规划实施部门，因此从中央到地方都需要一个相对稳定的、有法律权威的主体功能区规划实施机构，而目前我国的硬法体系并未对此做出明确的规定。

没有相关法律，政策的执行力就会大打折扣。没有一套完整的法律规范，很难发挥区域规划与区域政策的作用，好的政策也会变成空谈，从立法角度规范区域管理是大势所趋①。

综上所述，一方面软法机制在主体功能区规划创制与实施过程中“独木难支”，需要更强的保障与更有效的制度供给与机制安排；另一方面，我国主体功能区规划相关的硬法保障缺失，再加之国外经验的示范效应，我们较易得出这样的结论，即主体功能区规划的创制与实施除“软法”之外，还必须有硬法可依，将主体功能区规划纳入法制化轨道，使我国的主体功能区规划的创制与实施都拥有较高位阶的法律依据，逐步形成较为健全的主体功能区规划法律体系，借助法律的力量，以准确的、刚性的法律确保主体功能区规划的权威性与执行力。

三、主体功能区规划之硬法保障体系构想

为全面保障主体功能区规划的创制与实施，我国立法机关可从宪法规制、基本法规制、保障法规制、特别法规制等几个方面构建较为完备的法律规范

① 张可云．“胡萝卜加大棒”：国外区域协调发展启示［J］．时事报告，2007：34-37.

和制度基础。根据我国《宪法》和《立法法》的规定，我国现行的立法体制是中央统一领导和一定程度的分权的立法权限划分体制。为行文方便，本书是单以中央层面的制度供给的角度展开讨论的。

（一）宪法保障

区域协调发展战略与主体功能区规划的颁布是我国经济发展的必然趋势，具有很强的现实必要性。如此重要的战略缺乏宪法上的根据，因此可以借鉴德国的做法，在我国宪法中加入“促进区域统筹协调发展，实施主体功能区规划”和“调控区域差距”的条款。

在宪法统率下，我国可以制定主体功能区规划基本法、主体功能区规划特别法、特定地区、流域管理法等，全方位对主体功能区规划加以保障。

（二）主体功能区规划基本法保障

当前全国各地现有的各类区域规划繁多，大部分省级主体功能区规划在创制获批以后也已进入实施阶段，但很明显，理应同步跟进的立法工作还基本处于起步阶段，在主体功能区规划创制和实施过程中，必须同步推进立法工作，健全相关法律法规，全面保障主体功能区规划的创制和实施。因此，及时制定一部统领全局、带有综合法性质的主体功能区规划基本法已成当务之急。要加快制定《国土空间开发法》（或称为《主体功能区建设法》），明确主体功能区规划的法律地位①，完善我国空间开发的行为准则，推进主体功能区的形成。

《国土空间开发法》的核心在于落实主体功能区规划，该法律中要明确主体功能区规划的指导思想、目标、原则；明确主体功能区规划的法律地位；明确主体功能区的划分原则、确定方法；明确各区域规划的制定程序、管理机制、管理机构（主管部门、监督部门、实施部门）；明确公示、听证、监督

① 马凯．构筑协调、和谐、可持续的家园——全国主体功能区规划的总体考虑［J］．科技与经济画报，2007（5）：4-7.

制度，确保公众实际参与；明确各级各类规划之间的衔接关系，建立健全以国民经济和社会发展总体规划为统领，以主体功能区规划为基础，以各区域规划、专项规划为支撑，形成各类规划定位明确、功能互补、协调衔接的国土空间开发体系，成为协调各种区域规划的“规划法”；明确对责任主体的绩效考核和政绩评估，对违反主体功能区规划的单位和个人要明确问责制，依法追究法律责任等；明确实施分类管理的区域政策，基本形成适应主体功能区规划要求的政策体系，如转移支付政策、环境保护政策等；完善区域合作、生态补偿等机制的实施原则；明确特定地区、流域管理法律法规指导思想等。

（三）相应单行法保障

主体功能区规划法律制度的完善是一项系统工程，除宪法与基本法保障之外，其具体实施需要相应单行法的保障，相关的法律法规要及时修订，加入与主体功能区规划相关的法律条款；没有相关的法律法规就要及时立法，从具体措施方面全力保障主体功能区规划的创制与实施。

1. 财政转移支付法

财政转移支付法是调整上级政府为均衡财力状况，协调地区经济发展，实施宏观调控，将所掌握的一部分财力转移给下级政府支配、使用过程中所发生的社会关系的法律规范的总称[①]。如前文所述，财政转移支付是实现主体功能区之间利益平衡机制、实现利益补偿的手段之一，其主要的功能是确立公平和效率相兼顾的分配原则，调节地区间的贫富差距，实现各地区的协调发展。这对于主体功能区相当重要，能使各主体功能区安于自身的“主体功能”，特别是对限制开发与禁止开发地区实现“不开发的发展”非常重要。德国《联邦改善区域结构公共任务法》明确规定联邦和州共同出资，对落后地区及结构薄弱地区的援助责任和补贴按比例确定下来。1970 年德国又颁布了联邦财政平衡法等法律规定，通过州际及州与地方的税收再分配，保证各州

① 刘剑文．中国财政转移支付立法探讨［J］．法学杂志，2005（5）：31-35.

人均税收的均等①。

我国目前的转移支付制度存在的主要问题有：政府间财权、事权划分不明确，地方事权范围过大，财权过小；专项转移支付规模偏大，使用透明度不高；转移支付项目不合理；分配方法不完善等。这使得我国财政转移支付制度问题层出不穷。究其原因，其一，1994 年实施的分税制财政管理体制改革，将一些主体税种、容易征收的税种划分为中央税，将一些非主体、难以征管且零星分散的税种划分为地方税；其二，我国现行财政转移支付依据的还是 1995 年财政部颁发的《过渡期财政转移支付办法》，属于部门规章，内容上也难以适应区域统筹协调发展战略与主体功能区战略。当前，“国家实行财政转移支付制度”条款出现在现行预算法中，但并未出现“财政横向转移支付”等条款，无法填补财政转移支付法律的空白。

因此，为规范财政转移支付行为，缩小地区发展差距，平衡协调中央与地方的利益关系，实现全国公共服务能力均等化，要及时制定位阶更高、适合经济社会发展的《财政转移支付法》，就财政转移支付的宗旨、原则、中央和地方政府的财权事权划分、财政转移支付的结构、财政转移支付的方式方法、财政转移支付程序等予以科学、合理的界定，建立起包括纵向转移支付和横向转移支付在内的完善的法律制度。为完善分税制财政管理体制，可赋予地方以税收立法权②。

主体功能区规划实施过程中，可以考虑选择一些条件适合的特殊类型功能区进行试点，采取开征特定税种、发行公债等灵活财税政策，并对税基、税种、公债发行规模等制订严格的程序和管理办法，切实做到依法治区、稳中求进③。同时针对不同类型的功能区施以不同的税收政策，如：由于优化开发区域有较好的地域优势和坚实的经济基础，税收政策制定更偏重于强化经济结构、降低资源消耗和自主创新方法，而对于限制和禁止开发领域，不仅

---

① 司俊，孙德才．借鉴德国区域援助政策 积极实施西部开发战略［J］．内蒙古财会，2001（8）：6-8.

② 华国庆．论中国区域协调发展立法基本原则［J］．南京审计学院学报，2010，7（2）：6-12.

③ 危旭芳．主体功能区构建与制度创新：国外典型经验及启示［J］．生态经济，2012（3）：67-72.

要对违规生产经营的企业明令禁止，同时还应对该企业已获得收入进行倍数处罚，并将此收入充实本地区的财政收入①。在地方先行实施的基础上，摸索主体功能区之间财政横向转移支付的方式方法，其后，在局部试点基础上完善财政转移支付制度，在合适的时候出台《财政转移支付法》②。

2. 区域合作法

如前所述，主体功能区规划实施过程中各主体功能区之间，特别是不同行政区但同属于同一主体功能区的不同区域之间的横向合作是很有必要的，但政府自发的合作往往会从自身的利益出发，即使是两个以上的利益主体达成的合作协议往往也有损于第三方，对整个国家也少有顾及。对此，2003 年 10 月 14 日，中共十六届三中全会通过的《中共中央完善社会主义市场经济体制若干问题的决定》中也有明确要求，即“属于……跨省（自治区、直辖市）的事务，由中央管理，以保证国家法制统一，政令统一和市场统一”。事实上，我国地方政府曾经做出努力且取得了一定的成效，在区域合作机制方面做了不懈的努力并取得了重要成效，如长三角协作委员会、长三角经济协调会等协调机构的成立，一定程度上解决了区域之间共性的问题。但当前，多数区域协调机构应付临时任务的临时性组织，前述软法机制的缺陷导致其过于松散，调控乏力，经费短缺，合作效果难以落实，难以形成长效机制。

因此，要考虑制定《区域（经济发展）合作法》，明确区域合作的宗旨、原则、适用情形；明确中央区域合作机构，如在国务院成立由总理任领导小组组长，各相关部门的主要负责人任领导小组成员的主体功能区推进领导小组；明确其法律权限，消除区域间壁垒以及地方保护；确认区域性行政协议为区域合作的典型形式；明确非官方区域性组织的法律地位，逐步增强其在区域规划和管理中的作用；明确区域之间纠纷与争端解决机制；等等。将《区域合作法》纳入国家宏观调控法律制度体系，规范利益主体在区域合作中的行为，保障区域合作的有序、高效运行。这样做虽不是单为协调解决主体

① 周寅．推进主体功能区建设的财政对策［J］．地方财政研究，2008（5）：30-32.

② 有学者在理论的基础上加以制度构建，已经提出《中华人民共和国财政转移支付法（草案专家稿）》。参见：徐阳光．财政转移支付制度的法学解析［M］．北京：北京大学出版社，2009：242.

功能区之间的合作问题，但能推进主体功能区的形成与保持。

3. 生态补偿法

各主体功能区之间能否长期合作，很大程度上基于利益主体之间的补偿机制是否完善。其中，生态补偿最为重要，纵向的财政转移支付自不必言（可由《财政转移支付法》调整），特别是横向的优化、重点开发区与限制、禁止开发区之间的共同繁荣、基本公共服务均等化、人均生活水平趋同等都需要完善的生态补偿法律机制，实现资源环境的有偿使用，使提供生态产品但放弃了重点开发的区域（受损区）能得到来自享有生态产品的区域（受益区）的适当利益补偿。

当前，关于生态补偿问题的规定散见于相关的法律条文中，如《环境保护法》①《森林法》《矿产资源法》等；而相应的一些行政法规与规章层面上，也有所涉及，如《森林法实施条例》《矿产资源补偿费征收管理规定》等；地方立法的实践始于1983年的《云南省磷资源管理暂行规定》和《云南省磷资源保护资金收取管理办法》，两法中规定对磷矿开采征收覆土植被及其他自然环境恢复费用；1998年10月26日，广东省发布了《广东省生态公益林建设管理和效益补偿办法》；2009年海南省制定了《海南省万泉河流域生态环境保护规定》②。

与生态补偿之重要性不相匹配的是，截至目前，国家还未出台一部严密的、专门涉及生态补偿的法律法规或具体办法，我国生态补偿方面的立法落后于生态保护和建设的发展，这直接导致了在生态保护建设中缺乏有效的法律支持③。

因此，在修订现有法律法规（如修订《自然保护区条例》和《风景名胜

---

① 雷雪. 我国主体功能区生态补偿法律问题研究［D］. 兰州：西北民族大学，2011.

② 2014年4月24日修订通过、2015年1月1日起施行《中华人民共和国环境保护法》第三十一条规定："国家建立、健全生态保护补偿制度。国家加大对生态保护地区的财政转移支付力度。有关地方人民政府应当落实生态保护补偿资金，确保其用于生态保护补偿。国家指导受益地区和生态保护地区人民政府通过协商或者按照市场规则进行生态保护补偿。"

③ 朵兰娜，梁鸽，娜日苏. 主体功能区建设生态补偿研究进展评述［J］. 北方经济，2011（22）：6-8.

区条例》等①）之外，我国在条件成熟时需要专门制定《生态补偿法》，明确生态补偿的宗旨、原则、适用情形；明确生态补偿的管理机构；明确生态补偿的方式方法；明确生态补偿纠纷解决机制；明确相关补偿主客体的法律责任，等等。该法律与《财政转移支付法》《区域合作法》等法律相协调，确保生态补偿到位，保护生态产品提供区域的积极性，推进主体功能定位，实现国家空间管治目标。

4. 特定地区、流域管理法

根据发达国家的经验，区域政策的作用对象应该是“问题区域”而不是“主体功能区”，问题区域主要包括落后区域、萧条区域与膨胀区域三类。对这三类问题区域的治理是主体功能区规划实施的重点和难点。正如前文所述，1933 年美国颁布《田纳西河流域管理法》，设立专门机构——田纳西河流域管理局对田纳西河流域进行综合治理和开发，规定该机构的多元化的决策机构、择优录用的人事制度和灵活的机构设置，最终取得良好效果②。可以说，田纳西河流域治理的实践对于我国类似问题区域的治理起到了良好的示范作用。在我国，相类似的有 2011 年 11 月 1 日起实施的《太湖流域管理条例》，而太湖流域管理局成立于 1984 年 12 月，其前身更是可以追溯到 1964 年成立的太湖水利局。但我们应当看到，两者在机构性质、职能范围、公众参与等诸方面仍有很多不同。因此，我国应以主体功能区的最终形成为目标，就某特定流域、地区、某都市圈等制定相关特别法、促进法，如可考虑制定西部开发法、东北老工业基地振兴法等③；重点推进“问题区域”的主体功能的形成。

总之，有了上述法律，我国主体功能区规划的法律体系才能基本形成，第三章所述的基础、保证、平衡、动力等软法机制才有“落地”的可能，如财政转移支付、生态补偿、绩效考核、区域合作、特定流域或地区发展等方

---

① 马凯．构筑协调、和谐、可持续的家园——全国主体功能区规划的总体考虑［J］．科技与经济画报，2007（5）：4-7.

② 文正邦，付子堂．区域法治建构论：西部法治研究［M］．北京：法律出版社，2006：173.

③ 陈瑞莲．欧盟国家的区域协调发展：经验与启示［J］．政治学研究，2006（3）：118-128.

面才会有实施进而实现目标的可能。当然，主体功能区规划的法律体系构建在很大程度上依赖于对现有的与主体功能区规划实施相关的法律法规的修订，如金融法（如《中国人民银行法》和《商业银行法》）、投资法（如《国务院关于投资体制改革的决定》）、预算法、税法、政府采购法、价格法、基本农田保护条例等，全方位为主体功能区规划的实施提供法律供给，满足制度需求。

四、主体功能区规划混合法治理模式

由上述得知，主体功能区规划硬法保障的要求非常急切，域外也积累了较为丰富的经验，我们可以借鉴。但是，本书不主张单纯制定稠密的硬法之网，而主张将硬法与软法有机融合起来，采用软硬法混合治理模式（即混合法治理模式），进而实现主体功能区规划的法治化。

（一）混合法治理模式的必要性分析

所谓混合法治理模式，是指软硬法并举，软法和硬法规范并行不悖、刚柔相济的新型治理模式，其作为对公共治理模式的回应，日益成为现代法的一种主导性模式①。从前两章的分析可以看出，单纯的软法机制和硬法规制都不能满足主体功能区规划的法制需求。因此，我们要在充分认识单一软法、硬法之治缺陷的基础上，认识公域之治中混合法治理的必然趋势，认识到混合法治理模式方能满足主体功能区规划法治化的需求。

1. 软法之治、硬法之治存在缺陷

前两章已有相关分析，软法机制与硬法保障各具优势，但同时两者均有缺陷存在，这是呼唤软硬法混合治理的首要原因之一。

---

① 罗豪才，宋功德．软法亦法——公共治理呼唤软法之治［M］．北京：法律出版社，2009：350.

软法的缺陷在于其缺乏国家强制力、变动不居、缺乏稳定性；公法范畴的软法存在形式不规范、权力控制途径弱化、内容规定缺乏理性、责任追究机制缺乏四个方面的不足①。其诸多缺陷需要通过硬法保障来保证实施，这反映出硬法的优点。相对于软法之治，硬法之治的优点不言而喻，但硬法的滞后性也是显而易见的，硬法的发展明显滞后于公域之治的发展。鉴于当前对硬法之治的过于倚重，我们有必要进一步分析我国当前主体功能区规划创制与实施硬法之治的问题。

首先，地方政府的硬法创制会受到我国当前立法体制的制约。根据我国《宪法》和《立法法》的规定，从立法权限划分的角度看，我国现行的立法体制是中央统一领导和一定程度的分权的立法权限划分体制。基于法律保留原则的分析，无论制定统一的《国土空间开发法》，或出台专门的《区域规划法》，或针对特定区域制定类似的《长三角区域统筹发展法》《西部开发法》，这都属于中央立法的权限范围，离不开中央层面的制度供给。然而，在部分省级主体功能区规划仍未完全出台时，中央层面的立法不可能密集出台，即使纳入立法计划，距离最终出台也需要很长一段时间，可谓“远水解不了近渴”。在此背景下，各地方政府性组织和非政府性组织在主体功能区规划创制和实施过程中，视现实社会经济生活之需要，确有制订各种法律规范、保障主体功能区规划顺利实施的强烈需求。

此外，地方政府的硬法创制会受到我国当前立法模式的限制，无法及时满足变动不居的社会经济生活的需要。如武汉“8+1”城市圈规范性的联合创制机制，就存在宪法权利上的阻碍。根据国家“十二五”发展规划纲要，“两横三纵”城市带（圈）涉及许多城市，这些城市有省会城市、较大市、地级市、县等，而武汉“8+1”城市圈中只有武汉市才具有部分地方性法规的“立法权”，其他八个城市无此权力。那么，由武汉市通过的地方条例就可能遇到三个问题亟待解决：“一是立法的民意基础与代表性是否覆盖全部城市圈？二是一个城市通过的立法对无立法权的其他城市发生效力的权力渊源、

① 李子云．通过软法的权力控制［J］．唯实，2008（C1）：119-121.

法律依据与具体方式何在？授权，认可，还是批准？三是这一做法与我国的单一制的宪政体制以及其衍生的下位法律制度尤其是立法体制的逻辑关联性是什么？”① 此种情况在主体功能区规划实施时涉及区域合作的硬法保障中会普遍存在。再如，区域发展中成立联席会议或联合委员会出现职责定位问题。联席会议或联合委员会所出台的立法在我国立法构架中的层次和地位也是个问题。由最高立法机关委托立法可能是一个选择，但仍不是短时间内就可以实现的，这些都是在实践中需要认真研究的②。其实，主体功能区规划许多相关制度构建如中央地方关系、土地发展权交易等事关全局，应当符合基本的法理和宪法规范，但现实是尚无相关硬法规定给予指导。

其次，完备的硬法体系并不能满足主体功能区规划制度需求。针对硬法缺失的现状，有学者试图构建完备的硬法体系来解决上述问题，如主张区域规划法律体系应该是包括宪法、规划基本法、区域规划法、地方区域发展规划条例在内的综合体③；或以本书所述，建立以宪法保障、基本法保障、特别法保障为主要内容的硬法保障体系。但硬法体系的形成不可能一蹴而就，勉强出台的硬法规范难以产生预期实效，无法有效满足公域之治的需要④。

本书不赞同通过一揽子立法的方式来解决主体功能区规划创制与实施过程中法律体系的构建。因为以“实然”的硬法体系构建来应对主体功能区规划的创制与实施固然无可厚非，但基于上述立法体制原因，也基于硬法缺位等原因，软法以其及时回应经济社会发展、填补法律阶段空白、崇尚民主协商、制约公共权力制约等方面的优势，“乘虚而入”就不足为怪了。

最后，软硬法混合治理是最优选择。制度创新固然可贵，但经济生活中“遇难题，即立法”的惯性思维并不可取，特别是主体功能区规划实施中涉及实体的部分。史际春教授指出，如何将规划的实体部分纳入法治轨道？首先，

① 汪习根．论人本法律观的科学含义——发展权层面的反思［J］．政治与法律，2007（3）：64-71.

② 孙浩康．中国区域政策法制化研究［M］．北京：华夏出版社，2013：108.

③ 杨丙红，刘新跃．我国区域规划的法律问题研究［J］．学术界，2011（7）：104-109.

④ 罗豪才，宋功德．软法亦法——公共治理呼唤软法之治［M］．北京：法律出版社，2009：454.

将遵循规划化为各国家机关和特殊企业（如政策性银行）的角色权义，使规划融入其运转体系，作为规划的一般保障，也是一种最强有力的保障[①]。本书认为，软法来源于丰富的经济生活，来源于人们的智慧与创造，存在于现有的“运转体系”之中，提炼之，规范之，运用之，仅不能节省立法成本，更能增强有效性，及时回应现实经济生活的制度需求。

其实，有学者并不过分倚重于硬法之治，如有学者在构建实施主体功能区战略时依靠宏观调控措施及相关法律制度的综合运用：区域经济协调组织机构法律制度、预算与转移支付法律制度、税收政策、产业政策、政府采购法律制度、投资价格政策、金融政策等[②]。可以看出，作者并不主张单一的硬法之治，大量的公共政策（本书认为公共政策是软法的重要表现形式之一）在主体功能区规划实施中具备同等的重要性。

有学者做出相关的探索，即在构建硬法立法体系的同时，确立区域内机关之间以及区域内社会公权力主体之间建立各项章程（纲领）、规则、原则、协议等软法模式，并主张两种立法模式软中有硬，硬中有软，相互结合、相互补充，共同推动区域经济的协调发展[③]。

可见，单一的硬法之治或软法之治均不能独立承担构建主体功能区规划实施法律保障体系的全部，软硬法混合治理能有效克服单一软、硬法之治的缺陷，是当前主体功能区规划相关制度设计的最优化选择。

2. 混合治理的实践需求：公共治理视角

西方的语境中，软法的兴起与公共事务治理方式从“从统治到治理”（From government to governance）的发展趋势密切相关。瑞典斯德哥尔摩大学的政治学教授 Ulrika Mörth 认为，统治体系中的权威表现形式是传统的命令和控制方式，而治理中赖以实现秩序的权威则有所不同。传统的权威体现为自上而下的等级制度和规则设定主体的垄断，多数情形下的规则设定主体是国

① 史际春，肖竹．论分权、法治的宏观调控［J］．中国法学，2006（4）：158-168.

② 殷洁，屠世超．实施主体功能区战略的宏观调控法思考［J］．政法论丛，2012（2）：38-43.

③ 尹超．再论我国区域经济调控立法模式［J］．湖南大学学报（社会科学版），2012，26（4）：141-145.

家公共部门。治理依赖的是多重权威，而且这些权威并不必然是公共主体，也并非为一家所垄断。统治形式下的法律是硬的，治理形式下的法律则是软的[①]。

软硬法混合治理是经济法调整方式和规制体系的重大改变，其原因即在于社会经济生活公共治理方式的变化，经济法进入了软硬并举的时代。近年来，尤其是“入世”以后，出现“规划”与“解制”两种趋势，国家在某些领域不断加强规划，如关系国计民生的食品市场监管，某些领域则实施解制，如国有垄断行业的民营化。同时，与政府经济法主体角色从管治者向促进者、调控者转变相适应，经济法在调整经济生活中频频采用“激励性管制”的手段，各种促进法、调控法应运而生[②]。

以此为背景，经济生活实践中，经济法领域中的大量软法，虽不以法律强制力为保障，却在协调经济关系、维护经济秩序、促进经济发展中发挥规范作用。其与硬法相互配合，相得益彰，共同为国民经济的健康发展保驾护航[③]。

3. 理论来源：制度变迁视角

从制度变迁的方式来看，获取潜在制度收益的方式有两种：一种是自下而上的诱致性制度变迁方式，即个人或一群人在给定的约束条件下，为确定预期能导致自身利益最大化的制度安排和权利界定而自发组织实施的创新；另一种是自上而下的强制性变迁方式，即权力中心凭借行政命令、法律规范以及经济刺激来规划、组织和实施制度创新[④]。

一方面，在主体功能区规划创制和实施中，丰富的经济生活实践不断推

---

① Ulrika Mörth. Soft Law in Governance and Regulation: An Interdisciplinary Analysis [M]. Edward Elgar Publishing, 2004.

② 即促进型经济法，主要有《中小企业促进法》(2002)、《清洁生产促进法》(2002)、《农业机械化促进法》(2004)。促进法侧重引导与激励，如《中小企业促进法》除总则与附则外，由资金支持、创业扶持、市场开拓、社会服务四章构成，本书认为其与软法有相通与契合之处。

③ 张永忠．和谐社会视域下经济法的公共治理之道——我国经济法治现象变迁的理论解释[J]．学术研究，2007 (10)：45-49.

④ 安筱鹏．利益主体多元化背景下的区域经济一体化［J］．人文地理，2003，18 (5)：61-64.

动地方政府进行制度创新，作为利益个体，地方政府日渐相对独立，不仅仅是被动接受与执行中央政府政策，其在与中央政府博弈的过程有改变当前的纵向权力结构格局的趋势，加之公共治理模式的兴起，公共政策制定与执行的模式发生了基本的变化：双向互动的、民主协商的合作模式逐步取代单向的、被动接受的命令模式。自上而下的强制性制度变迁在实践中已很难操作，商谈、博弈、多元利益均衡的诱致性制度变迁已成主流，也直接导致软法机制的彰显。

另一方面，在主体功能区规划实施过程中，中央政府对各地方政府利益主体进行必要的监督和奖惩同样是必不可少的，建立能够实现地方利益与国家整体利益“妥协”的法律体系，此为强制性的制度变迁，直接导致硬法的创制与实施。

因此，从制度变迁的视角来看，诱致性制度变迁与强制性制度变迁的有机结合恰为主体功能区规划中软硬法混合治理的理论来源之一，推行和实施强制型制度创新与需求引致型制度创新相结合的制度创新方式①和实践软硬法混合治理模式可以同步进行。

综上，无论是从软硬法各自缺陷，还是顺应实践与理论的发展，在主体功能区规划实施中不但要依赖于民主协商等软法机制，同样也依赖于硬法保障的作用。软法机制与硬法规制并不是对立、冲突的，更不是水火不相容的，是可以并行不悖的，软法与硬法规制之间有着清晰而明确的衔接和转进关系②。可以说，软硬并举，发挥软法机制与硬法保障的协同作用，是包括主体功能区规划在内的公共治理领域法治化的趋向所在。

当前，硬法、软法混合理论在欧洲许多国家也在兴起③。我们在制度设计上需达成共识，即中国在解决公共问题时，既很少完全指望政策与惯例等软法制度，又很少完全依赖硬法规范，而通常要运用软硬并举的混合法模式，选择两条路走路，软法与硬法并行不悖。久而久之，就形成了这种契合中国

---

① 夏江敬．区域经济协调发展政策研究［J］．科技进步与对策，2007，24（12）：40-42.

② 梁剑兵，张新华．软法的一般原理［M］．北京：法律出版社，2012：287.

③ 罗豪才．软法与公共治理［M］．北京：北京大学出版社，2007：21.

实际的解决公共问题的路径依赖性①。

（二）主体功能区规划混合法治理模式构建

1. 混合法治理模式之基本形态

混合法内部软硬法之间的混合不是机械的、平面的，而是居于不同层面的、立体的。由于公域之治中情境各异，混合法模式表现形式也各有不同，综合软法研究者的成就②，主要表现为以下四种基本形态：

其一，软、硬法之间的主次关系。在混合法治理中，软法规范与硬法规范两者并非总是占有相同的比重，而是存在主次之分。可分为两种情况：硬法为主、软法为辅；软法主导、硬法辅助。

其二，软硬法之间的先后关系。这涉及软法、硬法之间的转化关系，也可分为两种情况：一种情况是软法在先，硬法在后，表现在某领域硬法规范缺失或者硬法出台的条件不够成熟，先试行软法，为硬法的出台奠定基础，提供经验与教训；另一种情况是硬法在先，软法在后，表现在同一领域内硬法规范互相抵牾，一定阶段后需要进行一定程度的整合，此时，需要“纲要”等软法形态来检讨以往的硬法形态，并对后来的硬法立法提供参照③。

其三，软硬法之间的包含关系。软硬法之间的绝对标准在于制定主体及是否存在国家强制力的划分。但从法律文本和立法技术的角度来看，任何一部在整体上表现为硬法的必然包含只有“行为模式”而缺乏“法律后果”要件的法律规范，即软法规范，因此在硬法规制过程中本身就包含软法规制。此外，为克服硬法原则性过强而灵活性不足的弊端，硬法在具体实施过程中经常需要通过软法的进一步规定来加以具体化，以增强硬法的可操作性。这种对硬法进行具体化的软法所产生的规制，形式上看似一种软法规制，而实

---

① 罗豪才，宋功德．软法亦法——公共治理呼唤软法之治［M］．北京：法律出版社，2009：454-457.

② 罗豪才，宋功德．软法亦法——公共治理呼唤软法之治［M］．北京：法律出版社，2009：454-457；罗豪才．软法的理论与实践［M］．北京：北京大学出版社，2010：178-180.

③ 比如，2004 年发布的《全面推进依法行政实施纲要》，不仅浓缩了此前 15 年我国行政法制建设的精华，而且还对当时正在创制的行政程序法的制度安排产生了深刻影响。

质上是硬法通过软法而实现的规制，行政裁量基准即为对硬法规定的行政自由裁量空间的具体化与细化。

从另一个角度来看，就是软法以硬法的国家强制力为后盾发挥其功能与作用，如《城市居民委员会组织法》第十五条规定：居民公约由居民会议讨论制定，报不设区的市、市辖区的人民政府或者它的派出机关备案，由居民委员会监督、执行。居民应当遵守居民会议的决议和居民公约，居民公约的内容不得与宪法、法律、法规和国家的政策相抵触。

其四，软硬法之间的分工与合作。软法向硬法的转化以及软法依赖硬法的强制力来实施并不是软法必然的归宿，在公域领域，软法、硬法有其各自发挥相对独立的功能。硬法、软法适当分工，基于对不同的领域、不同性质的公共事务、制度创制与实施的成本等因素的考量，而选择应用硬法机制或软法机制①；必要时在分工的基础上互相配合，进行合作。其表现形式有三个方面：功能上的互补；指向上的分工与合作；调整方式上的分工与合作。

2. 主体功能区规划与软硬法混合治理模式

将主体功能区规划创制与实施置于软硬法混合治理的语境下，我们可以尝试从以下几个方面来构建主体功能区规划法律治理模式。

模式一：软法奠定基础，硬法动态跟进。

为满足主体功能区规划实施对法律制度的迫切需求，在公共治理全球化浪潮的背景下，结合当前法制状况，要更加倚重相关软法理论，把软法机制作为当前主体功能区规划实施的主体，奠定法制基础，并在合适的情况下加强硬法方面的创制，动态跟进，共同构建完备的法律体系。

在主体功能区规划实施中，要提高对指标体系形成机制、民主协商机制、利益补偿机制、绩效评价和政绩考核机制等软法机制的重要性认识，并着手细化并大力发挥其作用，提供法制保障的基本框架，相关硬法需在既定框架内出台，并大力推进。我们知道，宏观引导调控体系，往往以“国家计划—

① 邓小梅．经济领域中的软法规律性初探［J］．武汉大学学报（哲学社会科学版），2011（6）：104-108.

经济政策—调节手段”为轴线[①]，因此，我们可以从三个方面在软法机制尽力发挥作用的基础上逐步实现“计划目标—经济政策—调节手段”的硬法化。其中，目标转化为硬法，如依据全国主体功能区规划主要目标之一“基本公共服务均等化取得重大进展”制定《公共服务均等化法》；调节手段和政策工具转化为硬法，如在财政转移支付实践以及生态补偿实践之基础上制定《转移支付法》《生态补偿法》及完善《预算法》等。

以《生态补偿法》为例，主体功能区规划实施过程中先以利益补偿机制奠定基础，在此基础上逐步制定软法进而出台硬法，具体分三步：可以通过行政手段、财政手段给予纵向补偿或引导横向利益主体进行民主协商，在此基础上出台《国务院关于生态补偿若干政策措施的指导意见》（软法）、《生态补偿条例》（硬法）[②]、《生态补偿法》（硬法）。

再如主体功能区规划中的产业政策，产业政策是指一个国家或地区为实现一定时期的经济和社会发展目标，而制定的相应的发展、限制产业的目标及保障实现这些目标的各项政策所组成的政策体系[③]。“产业政策覆盖面宽，调整范围广，内容相当广泛，因此增加了对产业政策关系进行统一法律调整的难度。”[④] 但有很多学者致力于推动产业政策法的制定，即对产业政策进行法律调整就是要将产业政策的主要方面法律化，其理由是：在强调依法治国、依法管理经济的条件下，仅以“纯粹的”政策形式存在往往是不够的，还需要有相应的法律调整，以对产业政策的制定和实施进行规范和提供保障[⑤]。但如何以硬法的方式对变动不居的产业政策进行规制是个不易解决的难题。本书认为引入软法理论或能解决此问题，“产业政策是软法”的论断将会平息诸多争论，让作为软法的产业政策积极承担起“法律调整”“进行规范和提供保障”的职能，而不是消极等待，同时也不拒绝产业政策法的出台。

---

① 漆多俊，冯果．经济法学（第三版）［M］．武汉：武汉大学出版社，2011（3）：357.

② 以2014年4月24日修订通过的新环保法为指导，可以预见，生态补偿条例的立法进程将加快。

③ 徐孟洲．经济法学原理与案例教程［M］．北京：中国人民大学出版社，2006：468.

④ 杨紫桓．经济法［M］．北京：高等教育出版社，2006：461.

⑤ 王先林．产业政策法初论［J］．中国法学，2003（3）：112-118.

值得注意的是，后续出台的硬法规定不能违背软法要求，硬法规范与软法规范不能互相脱节，要保持一致性与整体性，如后续出台的《生态补偿法》《区域合作法》等不能违背主体功能区规划的“指导思想——开发我们家园的新理念”“战略目标——我们未来的美好家园”等软法规范的限制。

模式二：软硬法并举，各司其职。

从现实来看，主体功能区规划的实施保障更多的情况下需要软硬法并举，软法有硬法保障，硬法中包含着“软法规范”，两者相辅相成、相互依赖，硬法的刚性与软法的弹性发展空间紧密结合；另一种情况是，软、硬法相对独立发挥作用，各司其职，不可偏废，两者彼此呼应、并行不悖，相得益彰。

就前一种情况而言，软法规范、软法机制的实施与实现依赖于硬法的保障，软法确有其发挥的空间，但需要坚强的后盾，即硬法的护航。比如，财政转移支付的主体、程序及额度等需要财政转移支付法的硬性规定；主体功能区规划实施过程区域合作主要依靠软法，但各区域主体之间制定的行政性合作协议等软法规范不能违背宪法与法律的强制性规定；若软法机制、软法规范出现违背宪法、法律法规的，当由硬法出面干预、纠偏，将其纳入法治化轨道。

反过来看，以软法为基础制定的硬法中会包含大量的“软法规范”，此乃常态，众多硬法里所含“指导思想”“立法原则”“主要目标”等都属于此类规范，如《国土空间开发法》《区域合作法》《财政转移支付法》等，以软法机制为基础一旦制定、颁布、实施，其实施也要部分转化为协议、章程、备忘录等软法形式进一步具体化，硬法保障之下的软法实施更有约束力，既能满足主体功能区规划创制与实施的法制需求，又能保证现有国家法律体系的一致性。

就后一种情况而言，软硬法在很多情况下需各司其职，相对独立地发挥作用，硬法相对独立地发挥作用的情况自不必说，就软法而言，即使在模式一讨论的“软法奠定基础，硬法动态跟进”的情况下，也并不是将原由软法调控的事宜悉数交由硬法规制，软法机制有其相对独立发挥作用的空间。因为经济社会现象千变万化，过于严格的硬法条款，很难对方方面面有所顾忌，倒不如软法机制更具有适应性；而在规制同质性强、业已成熟的领域，硬法有其独立发挥的空间。

比如，关于主体功能区规划实施中区域合作的协调机构，有学者建议以硬法的方式建立《区域发展组织机构法》，整合现有管理机构与资源，在国务院设置一个统一管理区域问题的组织，由其统一分配政府资源，协调政府行动。该组织名称可以为“国务院区域管理委员会”，或者“国务院区域经济部”，或者“国务院区域政策部”[①]。本书认为，在当前国家机构设置变动较为频繁的情况下，以硬法的方式确立区域管理机构不利于区域合作与发展，应将其交由软法治理，在丰富的政府组织之间、非政府组织之间、政府组织与非政府组织之间区域合作实践的基础上，逐步建立起符合实际情况的、便于合作方接受的协调组织机构比较符合我国国情。

当然，值得一提的是，若混合法中硬法规范与软法规范之间因分工不明，重复规制产生冲突，在总体上应当遵循“硬法适用优先”的准则——当软法规定与硬法规定不一致时，硬法较软法要实现更高的公共性的法律目的，它是国家意志的一种反映，其创制通常要历经更为严格的立法程序，因此在适用上应当优于软法[②]。

五、小结

软法、硬法各有优缺点，硬法与软法并行不悖，可扬长避短，各展所长，各得其所。公共领域的现实、我们所追求的治理目标和软硬法各自的特点，决定了公共治理领域适合采取一种软硬法混合治理模式。主体功能区规划软硬法混合治理下有两种模式：软法奠定基础，硬法动态跟进以及软硬法并举，各司其职。软硬并举、宽严相济的软硬法混合治理模式是当前主体功能区规划实施中最可行的治理模式。

---

① 陈宣庆，张可云．统筹区域发展的战略问题与政策研究［M］．北京：中国市场出版社，2007：178-179.

② 罗豪才，宋功德．软法亦法——公共治理呼唤软法之治［M］．北京：法律出版社，2009：431.

第五章 软硬法混合治理模式下的主体功能区规划法治化的实现

无论是软法机制还是硬法保障，其目的在于实现主体功能区规划的法治化。完备的法律体系不等于法治化的实现，要达到法治化的目标还需要在政府权力控制、法律责任追究、权利救济、法律监督等各个方面实现法律的规制。当前，法律规制采取的理想模式，即软硬法混合治理模式。

一、主体功能区规划法治化的目标

何谓法治化？亚里士多德指出，法治应该包含两重意义：已成立的法律获得普遍的服从，而大家所服从的法律又应该本身是制订得良好的法律。[①] 他认为法律包含两个法律要素：良法和法律至上原则。一般说来，法治具有以下特征：第一，法律须为良法。第二，法律的统治，即 Rule of law。第三，法治具有双重结构，实质与形式的结合。第四，法治的核心价值在于保障公民的自由与权利。第五，法治的功能意义在于实现社会的有序化[②]。其中，法治的要义在于对权力的控制。法治化必然涉及对政府公权力的约束与控制，此外，对公民政治、经济、文化等权利的保障也和权力的控制密切相关。举例

① ［古希腊］亚里士多德．政治学［M］．吴寿彭，译．北京：商务印书馆，1965：199.
② 马怀德．法制现代化与法治政府［M］．北京：知识产权出版社，2010：51-53.

来说，“法治化”需要更多的要素：民主透明的立法程序、公正的法律执行制度、完善的监督评估体系、一大批高素质的法律从业人员以及具有深厚法治意识的公民社会等①。

主体功能区规划的法治化，即法治在主体功能区规划实践的现实化与具体体现。从实现主体功能区规划法治化来说，至少需实现以下几个目标：

（1）明确主体功能区规划中各主体的权利义务。明确主体功能区规划创制与实施中各主体的权利义务配置，搭建多元化主体进行有序博弈的规范化、制度化空间。

（2）明确主体功能区规划中责任追究制度。明确主体功能区规划创制和实施中各责任主体的职权、职责，在此基础上明确责任追究制度。

（3）完善主体功能区规划中政府主体的法律监督。完善体制内外的监督方式，加强对主体功能区规划创制与实施中政府主体公权力的限制与约束。

（4）完善主体功能区规划中公民权利受侵犯后的法律救济。主体功能区规划中公民权益一旦受到侵害，可以通过非诉程序与诉讼程序两个方面表达自己的诉求，获取及时有效的法律救济。

二、主体功能区规划中政府角色定位及政府公权力混合法规制

（一）政府的角色定位

主体功能区规划创制与实施过程中，市场的作用不可或缺，但鉴于中国当前的政治体制，政府在主体功能区规划创制与实施中的作用同样重要，主体功能区创制、实施中转变经济发展方式、促进基本公共服务均等化、统筹区域协调发展，单纯靠市场的力量显然是无法解决所有问题的。政府一方面

① 孙浩康．中国区域政策法制化研究［M］．北京：华夏出版社，2013：18.

加强对规划创制工作的组织、协调，增强实施工作中的配套政策、法规供给；另一方面在具体领域，完善适应分类管理的指标体系确立、财政转移支付、生态补偿、区域合作、绩效考核等机制，所有这些决定了政府在主体功能区规划中的角色定位。

1. 主体功能区规划的宏观调控权拥有者

宏观调控权是一种新型的国家权力，中央政府是唯一的宏观调控权主体①，其本质上是一种经济职权，其主要是经济法视角中的由决策权、执行权和监督权构成的综合性权力束②。主体功能区规划成功与否在很大程度上依赖于宏观调控权有限干预、社会本位等经济法理念的贯彻，宏观调控权的配置与行使，宏观调控法律体系的构建。

2. 主体功能区规划之主导者

政府是主体功能区规划的创制主体、管理主体与规划执行主体，因此政府对于主体功能区规划拥有创制、管理与执行的权力。政府拥有国家的政治权威、紧致的层级等级体制，因此在国民经济生活中，政府能根据分类管理的要求，制定政策、法律法规，发挥规范、协调、指导的作用；作为经济社会发展的“有形之手”，政府能有效弥补市场这只“无形之手”之所不能；能引导市场主体根据规划中主体功能定位，统筹国土空间治理；能配置公共资源，实现各主体功能区之间基本公共服务均等化，促进经济社会协调发展等。

政府在主体功能区规划方面拥有权力，一方面，对于主体功能区规划来说，政府权力的存在是必须的，在现代社会，政府应当履行公共职能，为社会输出公共服务与产品；另一方面，由于权力具有扩张性和易腐性，必须对政府权力进行全程监督与控制，因此，服务与控权是事物的一体两面，并非相互排斥③。我们应当看到，我国以政府主导的市场经济创造了世界奇迹，与此相对应的是，我国政府无论从机构还是公务人员，无论从管理领域还是行

① 吕忠梅，陈虹．经济法原论［M］．北京：法律出版社，2007：430.
② 杨三正，罗浏虎．宏观调控权现状评析及构建理念［J］．西部法学评论，2010（3）：89-93.
③ 马怀德．法制现代化与法治政府［M］．北京：知识产权出版社，2010：403-404.

政法规（法令），都以几何数字膨胀。这种现象一方面反映了政府的有所作为，另一方面也伴随着政府自我权力扩张、权力滥用、侵犯公民权益的现实。

因此，对积极自由的倡导以及我国政府在现代化过程中的主导作用，容易使我们陷入一个“国家悖论”之中，呈现出既要求限制政府权力，又需要利用国家权力尤其是行政的“形成力”塑造新社会的局面①。

政府在主体功能区规划中的主导地位并不排斥对其可能扩张、滥用的公权力进行限制，经济法既是授权法，更是控权法，经济法的本质是政府和市场关系的和谐，限制经济自由滥用、控制行政权力扩张是经济法实现的途径。因此，经济法要发挥其控权的功能②。

（二）政府公权力的控制与限制：软硬法的分工与合作

公权力是人类共同体组织以共同体的名义，代表共同体做出的某种行为的能力或力量，公权力有不同的表现形式，但主要有国家公权力、社会公权力、国际公权力③。此处讨论公权力是政府（包含执政党）所拥有的国家公权力。上述主体功能区规划中，政府的角色定位及政府职能都是政府所拥有的国家公权力赋予的。

权力是一种力量、资格及能力，同时权力是一柄双刃剑，民众渴望政府公权力的适当运用，但公权力必须套上法治的缰绳，这一点已形成共识。权力的控制包括控制权力的错位、缺位、越位等。控制的途径无非是通过公民私权利对抗公权力、通过权力（包括社会权力与国家权力）控制权力两条路径。至于如何控制公权力，则需运用软硬法混合规制模式。

1. 公权力的硬法规制

对公权力的控制和规范在传统上主要是靠硬法来实现的，主要体现在国

---

① 马怀德．法制现代化与法治政府［M］．北京：知识产权出版社，2010：14.

② 薛克鹏认为，要克服两种错误倾向（规划虚无与规划崇拜），就必须重新界定政府在经济法中的地位。对政府而言，宏观调控法属于授权法还是控权法，是我们必须重新思考的问题。如果授权，最终导致的结果只能是宏观调控权的滥用，因此作者主张控权。参见：薛克鹏．《十一五》规划的经济法解读［J］．法学杂志，2007（1）：61-64.

③ 姜明安．公法研究的基本问题探析［C］//袁曙宏．公法学的分散与统一．北京：北京大学出版社，2007：195-199.

家的基本法律制度上，如国务院组织法、行政监察法等。硬法控制权力的擅长领域在于国家权力控制比较成熟的宏观层面，而且积累了比较丰富的、可操作性强的制度经验。

主体功能区规划创制与实施中对于政府公权力的规范与控制的硬法控制主要在于设定政府行为“有法可依、有法必依、执法必严、违法必究”的底线与“红线”，如果中央政府有关部门以及地方各级政府在主体功能区规划创制和实施中不按照主体功能区规划行事，缺位、错位或越位，如：脱离公众创制规划、规划实施中侵犯公众的私权利、随意更改规划、破坏生态环境或保护不力、破坏地区的主体功能定位等，那么将由国家的“硬法”出面，确保国家及公民能够对政府的“不法”行为行使权利，规范与控制政府的行为。此中的“硬法”包括行政复议法、行政处罚法、行政许可法、刑法、民法、经济法相关法律法规等，必要时可用宪法规范对政府公权力进行规制①。

2. 公权力的软法控制

硬法在公权力规制方面的优势不言而喻，但硬法对于微观层面往往无法涉及，特别随着社会经济的发展、国家权力社会化以及公共治理理论的兴起，硬法在法律调整方式上强制性因素比较大，命令和强制式调整方式不能适应现代社会治理的需要；硬法的实施效果不理想，无法有效地解决权力异化问题；硬法的刚性无法对权力多元化、国家权力社会化作出有效的回应②。软法应运而生，其本身的优势能有效补充硬法规划的不足，满足主体功能区规划的制度需要。

软法之所以对公权力产生制约作用，是由多种因素共同作用的结果，这些因素大致有：软法的本身所具有的民主协商性必然制约公权力的恣意

① 宪法规范必要时也可对公权力进行规制。如面临通过制度化控制（地方）利益意识难以真正解决问题时，唯一的做法是通过制度化和法律化的手段，尤其是要以宪法规范的形式，明确中央与地方在经济行政权限方面的合理划分和中央与地方在预算与收入方面的合理划分，这不但对中央与地方的合理经济分权是必要的，而且对国家宏观经济规划和宏观调控也是必需的。参见：李晓新．中国经济制度变迁的宪法基础［M］．合肥：安徽大学出版社，2011：207.

② 吴昕栋．软法与权力控制——软法在权力控制中的必要性和有效性分析［C］//罗豪才．软法的理论与实践．北京：北京大学出版社，2010：65-75.

妄为；软法的效力基础是社会组织和共同体内部的惩罚与约束机制，可以有效制约官僚组织成员的恣意妄为和违法乱纪[①]。本书第三章所述的指标体系确立、民主协商、利益补偿、绩效考核等软法机制可被用来规范与控制政府的公权力。

我们应当看到，软法在公权力控制上固然有其优势，但单一软法规制同样不可行。因为主体功能区规划的实施是政府主导型的软法实施模式，其仍然是以传统的政府权威为中心，更类似于传统统治模式，需要稳定性强、更加规范的硬法手段，以软法代之，势必会因合法性、民主性而遭诟病……为此，需要从规范政府和强化社会两个方面来改善社会环境，使其符合软法实施的需求[②]。因此，软硬法混合治理模式大有用武之地。硬法综合软法的特性进行互补才能在公共治理过程中让权力得到合理控制[③]。

具体说来，主体功能区规划创制与实施中对于政府公权力的控制与规范包含法律监督、法律责任追究以及法律救济等若干方面，尽管政府不是唯一客体。下文将展开论述。

三、主体功能区规划中的法律监督：体制内与体制外

就监督层次而言，在主体功能区规划中，全国主体功能区监督评价分为两个层次：第一层次为国家层面的主体功能区实施监督评价，其监督与评价者为中央政府，监督评价的对象是全国主体功能区的实施情况，监督评价的责任对象是省级政府。第二层次为省级主体功能区实施监督评价，其监督评价者是省级政府，监督评价对象是本省级行政区域内主体功能区实施情况，责任对象为市县级政府。

就监督主体而言，政策监控的主体由立法机关、行政机关、司法机关、

① 梁剑兵，张新华．软法的一般原理［M］．北京：法律出版社，2012：282-285.
② 宋心然．软法实施模式及其效果研究［J］．河北学刊，2011，31（2）：252-255.
③ 李子云．通过软法的权力控制［J］．唯实，2008（C1）：119-121.

政党系统、利益团体、大众传媒以及人民群众等组成[①]。主体功能区规划监督的主体也不例外。要完善监督机制，切实加强中央政府、地方政府、各级人大对地方政府官员的监督；公开行政，加强社会各界对地方政府官员的监督[②]。监督的目的在于规范各主体功能区规划利益相关者的行为，使其在主体功能区规划设定的框架内活动。

就监督内容而言，主要是主体功能区规划创制、管理、执行过程的各利益主体的行为，如：监督政策制定主体的“决策”行为，防止和减少因政策制定主体的错误、过失而造成的制定过程的偏差；监督各级政府（特别是省级及以下政府）在主体功能区规划中之行为，防止不按照规划设定“主体功能”，违规开发、侵犯公民的合法权益；监督区域合作方行为，防止地方保护主义及侵犯相邻区域利益、违背区域合作协议、利益补偿协议；监督产业政策等配套政策实施，防止主体功能区规划流于形式；等等。

因此，主体功能区规划的法律监督主要体现在对各级政府公权力运行过程中事前、事中的监督，“防患于未然”。为此，要保证监督渠道的畅通、发挥多元监督主体的作用，使其监督的权力摆脱象征意义，以监督的权力监控政府公权力；创新与发挥多种机制，使多元监督主体的意见能通过多元监督渠道上传到监督主体，实现对主体功能区规划的全程监督。

为实现有效监督，结合我国当前的政治体制，结合软硬法各自的优缺点，需采取软硬法混合监督模式，其中，软硬法是有机结合在一起。

（一）体制内监督：硬法为主，软法为辅

主体功能区规划中最常运用的监督形式为体制内的国家权力自我制约：有政府运作中的立法机关监督、行政机关监察、审计、司法机关检察、诉讼，也包括执政党的监督和纪检等。国家机构之间具体又分为横向的部门监督和纵向的上下机构之间的监督。《宪法》对于国家各主要机构职权有明确规定，

---

① 张国庆：公共政策分析［M］. 上海：复旦大学出版社，2004：371.

② 安树伟，吉新峰，王思薇. 主体功能区建设中区域利益的协调机制与实现途径研究［J］. 甘肃社会科学，2010（2）：85-87.

各机关即依据《宪法》《人大监督法》《行政监督法》《审计法》等“硬法”，在体制内部对行政机关的主体功能区规划相关行为进行监督。

1. 立法机关监督

我国目前形成了以国家权力机关为主体的行政层级关系审查模式。这种模式是一种以国家最高权力机关为主体，地方国家权力机关协助审查的体系，全国人大常委会在此体系中居于核心地位①。

立法机关进行监督的硬法依据为《立法法》《中华人民共和国各级人民代表大会常务委员会监督法》（简称《人大监督法》）等。对于作为软法的主体功能区规划的创制，因其属于抽象行政行为，具有不可诉性，可考虑采用立法审查的方式进行监督。《立法法》第九十一条规定：“全国人民代表大会专门委员会在审查中认为行政法规、地方性法规、自治条例和单行条例同宪法或者法律相抵触的，可以向制定机关提出书面审查意见……全国人民代表大会法律委员会和有关的专门委员会审查认为行政法规、地方性法规、自治条例和单行条例同宪法或者法律相抵触而制定机关不予修改的，可以向委员长会议提出书面审查意见和予以撤销的议案，由委员长会议决定是否提请常务委员会会议审议决定。”可设立一个专门审查机构，同时在全国人大常委会的信访部门新增一个专门用于违宪审查的接待和反馈机构②。当然，作为软法的主体功能区规划属于可审查范围是前提条件。

在主体功能区规划的实施过程中，各级政府要定期开展主体功能区规划实施情况评估，编制完成相关主体功能区规划实施报告，报请各级人大常委会审议、通过。

2. 司法机关监督

司法机关的监督主要通过司法审查实现的。广义的司法审查是指法院或司法性质的机构对政府行为的审查，主要是包括立法与行政行为的审查，即行政法审查与宪法审查③。在此，张千帆教授所指的宪法审查，通常指我们所

① 马怀德．法制现代化与法治政府［M］．北京：知识产权出版社，2010：115.
② 刘小冰．软法原理与中国宪政［M］．南京：东南大学出版社，2010：114-115.
③ 张千帆．宪法学导论：原理与应用［M］．北京：法律出版社，2004：153-154.

称的违宪审查。他认为，违宪审查的翻译不准确，而应该翻译为宪法审查或宪政审查。狭义的司法审查是指人民法院依法对具体行政行为的合法性进行审查的国家司法活动①。比如，对于政府实施的与主体功能区规划相关“人口迁移”与“利益补偿”等具体行政行为，人民法院就可对其合法性进行审查，以维护公民权益。

此外，其他机关也可依据《立法法》第九十条进行监督，《立法法》第九十条规定：“国务院、中央军事委员会、最高人民法院、最高人民检察院和各省、自治区、直辖市的人民代表大会常务委员会认为行政法规、地方性法规、自治条例和单行条例同宪法或者法律相抵触的，可以向全国人民代表大会常务委员会书面提出进行审查的要求，由常务委员会工作机构分送有关的专门委员会进行审查、提出意见。”此外，国家机关以通知、指导意见、几项规定等软法形式实施的监督也很常见。

3. 政党机关监督

包括执政党的监督和纪检等。2003 年 12 月 31 日，中共中央向全党印发了《中国共产党党内监督条例（试行）》，标志着党内监督工作进入规范化、制度化的新阶段。政党组织内的条例当属软法。各级党组织要密切监督各级政府严格按照本区域主体功能的定位进行开发管治，促进区域科学发展，定期不定期地对各地主体功能区规划实施情况进行检测评估，并作为考核干部政绩、选拔作用的重要指标。

作为执政党，中国共产党在中国的政治语境下拥有形式法制所提供的公权力，具有公法意义上的地位。宪法规定党也必须在宪法范围内活动，但具体如何活动并没有被法律细化、系统化，一直处于“碎片化”状态。但是，2013 年 5 月 27 日中国共产党公开发布了《中国共产党党内法规制定条例》与《中国共产党党内法规和规范性文件备案规定》，首次拥有了正式的党内“立法法”；同年 11 月 27 日，又下发了首个党内法规制定工作五年规划纲要，首次提出“宪法为上，党章为本”，真正要将“权力关进笼子里”。此外，在必

① 罗豪才．中国司法审查制度［M］．北京：北京大学出版社，1993：3.

要时，可制定硬法意义上的“政党法”，进一步提高政党执政的正当性，科学执政、依法执政。

（二）体制外监督：软法为主，硬法为辅

体制内的监督因其有国家强制力保障，权威性与约束性强，但问题是立法机关的审查方式难以常态化，且多为事后审查，时效性不强，司法机关的监督当前仍会因为各级法院的财政甚至人事都受到各级政府的一定程度的制约等原因，地方法院也很难起到监督地方行政部门公权力的作用①。因此，当前对于主体功能区规划的体制外监督占据重要的地位，其中又以软法形式为主。

随着公共治理时代的来临，社会将日渐获得在治理过程中与国家平等的地位，集中表现就是各种社会团体、企事业单位、公民个体在主体功能区规划中对国家公权力运作的参与、国家公权力的监督等，监督形式包括：参加听证、参与民意调查、要求信息公开等，监督形式包括社会舆论与新闻媒体、信访渠道等。

主体功能区规划中，公民通过软法形式实现对公权力的监督符合《宪法》要求，体现在政府对公民在政治、经济、社会等各方面参政议政的规定与鼓励，其中典型的模式就是民主协商机制，公民应当都有机会参与主体功能区规划的创制与实施。民主协商是公民对国家公权力运行监督的主要方式之一，其集中体现公民通过人大代表方案、人民政协提案及非政府组织作为独立“第三方”的参与。但公民个体的参与同样能发挥作用，特别是网络民意在当前的监督体系中发挥极其重要的作用，结合我国人民民主的特殊性，信访渠道的畅通同样可取。

当然，上述软法形式的监督必要时可辅之以硬法保障，社会团体、公民个体的政治参与容易出现无序的状态，要加强民事诉讼法等硬法的保障，引

---

① 党的十八届三中全会明确提出要深化司法体制改革，确保依法独立公正行使审判权、检察权，健全司法权力运行机制，完善人权司法保障制度。如果辅之以制度保障，这或许能为新一轮的司改“破题”。

导社会团体及公民个体能依法有序参与、有效监督。比如，网络民意的监督形式由于其匿名性、信息不对称性等，容易出现网民非理性的表达，有可能“失范”，甚至“失控”。为遏制网络谣言，有必要采取硬法形式规范对网民个体的监督，为遏制网络谣言，有必要规范相关刑事案件的法律适用。2013年9月10日起施行的《最高人民法院、最高人民检察院关于办理利用信息网络实施诽谤等刑事案件适用法律若干问题的解释》是一个很好的范例。我们还应当看到，体制外的监督应以软法形式为主，硬法保障应当只是对于触碰“底线”行为的防控。

四、主体功能区规划的法律责任追究：肯定式和否定式

法律监督的主要目的在于“防患于未然”，但一旦主体功能区规划中的法律监督未能起到相应的作用，各级政府机关依然超越行为边界，违规甚至违法作为或不作为，就会导致法律责任追究机制的启动。

传统“硬法”意义上，法律责任是由特定法律事实所引起的对损害予以赔偿、补偿或接受惩罚的特殊义务，即由于违反第一性义务所引起的第二性义务。法律责任是处于统治地位的阶级或社会集团运用法律标准对行为给予的否定性评价，是自由意志支配下的行为所引起的合乎逻辑的不利法律后果，也是社会为了维护自身的自下而上条件而强制地分配给某些社会成员的一种负担①。

主体功能区规划中的法律责任是指从主体功能区规划决策、创制到实施全过程中，规划主体（含创制、管理、执行主体）因未能遵守规划相关要求，或违反规划或无法完成相关要求而应当承担的法律后果，必要时追究行政首长等相关一把手的领导责任或直接行为人的责任。

① 张文显．法理学［M］．北京：北京大学出版社，1999：122-123.

（一）主体功能区规划中引入法律责任追究的必要性

史际春认为，一方面在形式上，政策与法也在趋同；另一方面，政策也越来越法律化、具体化[①]，但是，这只是政策“法律化”的一种可能性描述，不是所有的政策都能够成为法抑或软法，成为软法的政策的要求是：依法而治的要求，任何政策的制定、推广、执行及其主体都应当具有可问责性。也就是说，政策制定、实施机关需在合理、明确的基础上行事，接受来自上述体制内外的监督，若有偏离，即加以问责，经不起问责的则承担相应的行政、刑事、民事等法律责任。这样的政策才不会脱法。因此，有无责任追究机制是政策能否成为软法、与人治划清界限的重要标准之一，因为，“缺乏责任范畴的法律学科是难以自足的，缺乏责任条款的法律规范是没有爪子的老虎”[②]。

此外，主体功能区规划中政府行为的有限理性彰显其对自身进行责任追究的必要性。强调主体功能区规划中的政府行为问责，具有充分的理论依据。第一，在主体功能区规划中，地方政府的职权是政府对国家承担的义务，当政府履行主体功能区规划的义务出现缺位、越位、错位时，理应承担相应的法律责任；第二，地方政府的主体功能定位并不总是合乎理性的，区域利益的驱动往往使地方政府的相关“决策”会偏离国家、省级主体功能区规划设定的目标，诸如：消极抵制，违法规划、开发；抵制合作，实施地方保护主义；破坏生态等短视行为等，此时会导致法律责任的产生。

（二）主体功能区规划中的法律责任形式：肯定式与否定式

这里所谓责任，不仅仅是指违法的不利后果，还包含循法的有利后果和违法的不经济的实现[③]。而计划（规划）法律责任应当包括肯定式（或积极）的法律后果和否定式（或消极）的法律后果[④]。主体功能区规划的法律责任

① 史际春．关于我国的竞争政策：法和政策分析［N］．国际商报，2009-10-13.
② 吕忠梅，陈虹．经济法原论［M］．北京：法律出版社，2007：219.
③ 史际春．论规划的法治化［J］．兰州大学学报（社会科学版），2006，34（4）：1-8.
④ 漆多俊，冯果．经济法学（第三版）［M］．武汉：武汉大学出版社，2011（3）：357.

须从肯定和否定两方面加以论述。

1. 肯定式责任

主要是指循法的有利后果。循法的有利后果——对政府行为的激励是软法与硬法法律责任追究最大的区别，因为软法根本上不具有强制力作后盾，所以软法不剥夺群体成员财产，而是反其道而行之，通过奖励等形式加以引导公民、组织行为①。

主体功能区规划中大量存在提倡性规范。所谓提倡性规范，是指鼓励、提倡人们为或不为一定行为的法律规范②。它同强行性规范不同，它不是强行命令或禁止人们为或不为一定行为；它与任意性规范也不同。当人们没有完成指导性计划任务时，并不一定承担具体的否定后果；但是当人们成绩显著地完成计划任务时，则可能导致“奖励”这种肯定式的法律后果。这种提倡性规范其实就是“软法”的表现形式之一，其法律责任之追究重心在于循法的有利后果。

主体功能区规划中，上级相关部门可对产业结构优化、农田保护、生态保护、产业转移等方面有突出贡献的区域地方政府给予物质上、名誉上或资格上的奖励，鼓励各区域主体功能定位的形成，推进主体功能区规划的有效实施。

2. 否定式责任

是指违法的不经济的实现。上述以循法的有利后果对政府进行激励而不是重点追究政府的否定式责任，其原因在于政府否定式责任的虚化以及对政府法律责任的规定明显不足。一方面，政府履行职能并不能从中获利，立法上并不存在补偿政府投入或奖励政府的相关规定；另一方面，对政府怠于履行职能的法律责任规定较为弱化并存在操作上的障碍，而政治责任也未形成系统的、稳定的制度。因此，通过责任追究来威慑政府履行职能目前还难以行得通。在这种情况下，政府行为主要依赖于内生的激励③。

然而，这种局面需要逐步改变，只有肯定式责任会姑息地方政府“不求

① 梁剑兵，张新华．软法的一般原理［M］．北京：法律出版社，2012：282.
② 漆多俊，冯果．经济法学（第三版）［M］．武汉：武汉大学出版社，2011（3）：356.
③ 焦海涛．论“促进型”经济法的运行机制［J］．东方法学，2011（5）：49-56.

有功，但求无过”的心态，其软约束力也造成了法律责任追究效果欠缺。因此，对否定式责任的强调不可或缺。

主体功能区规划中的否定式责任包括停止、改变或撤销政府经济违法行为（如违背主体功能定位不当开发）、实施补救措施（如罚栽被破坏的区域植被林木），政府机关直接责任人员主要通过接受惩罚的方式承担责任，包括引咎辞职、接受行政处分、刑事处罚等。可见，此种否定式责任以软法责任为主，硬法责任是以最后一道防线而存在的。

比如，区域合作协议的履行的关键是如何通过违约责任的追究，督促协议各方严格履行协议。政府合作协议作为一种公法契约区别于私法契约，其违约责任形式也有自己的一些特点。总的说来，这种违约责任的具体形式不应当是一种严格意义上的制裁，而应当是某种合作的停止、某种优惠的取消。也就是说，违约方因为不履行义务而不能享受其权利，例如警告、取消优惠、取消成员资格等①。再如，政府怠于行使职权，可使之遭受“声誉罚”。政府行为中亟须解决的主要是激励问题，内生激励的唯一来源是政府对自身声誉的顾虑，因为履行法定职能是其不可推卸的责任，不履行或履行不当就会使其遭受社会公众的质疑，甚至带来合法性危机。也就是说，声誉是激发政府履行职能的重要手段。对政府的“声誉罚”，一般可通过对相关人员的内部处分并将这种处分公开化的方式来实现②。

在我国当前的政治体制下，常用的责任追究方式是问责制（Accountability system）。问责制近年来在我国得以不断加强，它与经济法宏观调控法治十分契合。问责制首先追溯政府公共管理主体的角色及其权义设置，也要求承担相关职责的主体及其首长不断地对议会、选民和公众做出种种解释和说明，最终更要落实为违背角色要求所应承担的各种不利的法律后果，包括撤职、责令辞职等行政或党政处分，责令停止、赔偿等民事责任，乃至刑事责任、宪政责任等③。问责制的依据有：中共中央办公厅颁发的《党政领导干部辞职

① 张紧跟．当代中国政府间关系导论［M］．北京：社会科学文献出版社，2009：173.

② 焦海涛．论“促进型”经济法的运行机制［J］．东方法学，2011（5）：49-56.

③ 史际春，肖竹．论分权、法治的宏观调控［J］．中国法学，2006（4）：158-168.

暂行规定》(2004 年)和 2005 年的《中华人民共和国国家公务员法》(简称《公务员法》),两者引入了引咎辞职和责令辞职制;2009 年 7 月 12 日,中共中央办公厅、国务院办公厅印发了《关于实行党政干部问责的暂行规定》,这一问责程序不但与正式的人民代表大会的正式罢免程序在有权决定罢免的主体、罢免结果等方面有着明显的不同,也在具体的实施程序方面有着较大的区别[①]。撤职、责令辞职等行政或党政处分等属于软法,而责令停止、赔偿等民事责任,乃至刑事责任、宪政责任等属于硬法,可见此种问责也是软硬并举的。

五、主体功能区规划中的法律救济:诉讼程序与非诉程序

事后的法律救济主要是保障公民的私权利,并对违法运作的权力予以有效纠偏。上述的法律责任追究并不能替代公民对自身权利的维护。在主体功能区规划中,政府的抽象行政行为和具体行政行为可能对公民的权益造成损害,畅通公民的权利救济途径是主体功能区规划中的有机组成部分。

主体功能区规划中软硬法混合治理模式下,我们可以从软硬法两个方面的法律救济入手,梳理公民法律救济的程序安排。对应于软、硬法,可从非诉程序与诉讼程序这对经济法程序中的一对“二元结构”入手加以分析[②]。

(一)非诉程序

主体功能区规划实施中的非诉程序包括:协商、对话、信访、请愿和游行示威等争议解决方式。其最大优点在于能发挥软法的民主协商机制的优势,

① 梁剑兵,张新华. 软法的一般原理[M]. 北京:法律出版社,2012:245.

② 实现经济法司法化需要立足于这一对“二元结构”的特殊性。经济法司法化的最终实现,可以通过多种方式来完成。执法方式的转变、非诉程序替代性功能的发挥、司法积极参与能力的强化,以及最终的特别诉讼制度的建立,都有助于实现经济法的司法化,也是经济法司法化实现的主要路径。参见:焦海涛. 非诉程序与经济法司法化[J]. 法治研究,2011(5):73-78.

比如，地方政府合作纠纷的解决，可以通过以下三种机制：地方政府间的协商机制与协议约束机制；设置中央层次的协调机制——区域协调委员会并发挥其功能；争端司法解决机制①。前两者即为非诉程序。

软法的一个重要优势就是确定了比法院诉讼和仲裁裁决更为快捷、方便和低成本的救济手段与争议解决模式。软法所具有的协商、对话、申诉、请愿和游行示威等争议解决方式恰恰弥补了硬法和仲裁制度等的缺陷而受到了有关当事人的欢迎。但是，软法救济手段无效的现象也是时常发生的。“当软法救济手段无效时，选择诉讼、仲裁等救济渠道和途径就成为当事人自然而然的选择。”② 此外，软法当前在司法活动中不可适用。因此，选择诉讼程序是必然归宿，上述区域地方政府的合作纠纷解决也是以“争端司法解决机制”为最后一道防线的。

（二）诉讼程序

诉讼是指人民法院对当事人之间的纠纷依法进行审理并判决的活动。“司法是社会正义的最后一道防线”，因此人民法院理应在主体功能区规划中可能发生的纠纷与争端中发挥主体作用，这就涉及相关制度设计问题的破解。

1. 将主体功能区规划纳入司法审查和宪法审查范畴

当政府依据主体功能区规划，对“相对人”做出具体行政行为时，如对相对人的权益造成损害涉及行政诉讼，司法机关应当从仅对行政行为作出形式的合法性审查，扩展到也审查其正当性和合理性；公民、组织因政府的文件、通知、规章等抽象行政行为而遭受不当损害的，也应能通过司法程序寻求救济。现实经济生活中，某些地方政府为了追求区域利益和政绩，通过制定实施政府规章等抽象行政行为，规避因具体行政行为引起的行政诉讼，诉讼程序的限制使当事人的利益无法通过司法进行救济。因此，如前文所述，应将主体功能区规划纳入司法审查和宪法审查的范畴。

① 华国庆．试论财政法视野下的我国区域合作［J］．安徽大学法律评论，2009（2）：8-22.
② 梁剑兵，张新华．软法的一般原理［M］．北京：法律出版社，2012：267.

2. 尝试“民告官”的行政诉讼及民事诉讼

当出现政府的开发行为不符合主体功能定位，或提供的公共产品缺位或错位的情形时，应当允许、鼓励公民和法人等对政府提起行政诉讼，如果事先签订行政契约①，还允许行政管理相对人提起民事诉讼，追究政府在行政法上的责任及民事责任；再如，地方区域出于地方保护主义的需要限购排挤、阻碍外地商品进入本地市场等不正当竞争行为，根据《反不正当竞争法》的规定，这类行为的救济途径是“由上级机关责令其改正；情节严重的，由同级或者上级机关对直接责任人员给予行政处分”。但在我国现有的体制结构中，上下级政府之间存在的利害关系，仍然无法使当事人的利益得以很好地保证。此时，需要“杀手锏”，即行政诉讼、民事诉讼以及媒体和舆论的监督，因为由行政体系外部的利害关系人或公众发动异议，以及司法机关的审查、公断和人民的评判，永远要比政府的自我检查、纠偏更为及时有效、公正②。

3. 完善群体诉讼与公益诉讼

主体功能区规划会涉及不特定当事人的利益，如涉及不特定当事人利益的损害应建立全新的群体诉讼。“经济社会化的结果之一，是利害当事人的群体化和利益冲突的间接化。”③ 比如，针对有环境污染问题的企业，因为利益驱使，政府往往对问题企业只是“提出警告”或者“罚款”（当然，罚款数额会远远低于环境污染治理成本）。

针对类似问题，我们不仅要完善现有的“代表人诉讼”制度，而且要建立健全的相应的群体诉讼机制，如不特定多数人为共同利益提起的“集团诉讼”，不特定的公民和法人为社会利益和公共利益提起的“他益私诉”，特定多数人委托有一定资格的社会经济团体（如同行业协会等）、消费者协会等基

① 所谓行政契约，就是指各级行政主体为达到某些具体的行政目标，与行政管理相对人签订或确定特定的权利义务关系的合约或协议，是20世纪中期基于服务与合作发展形成的新的行政手段。参见：孙浩康．中国区域政策法制化研究［M］．北京：华夏出版社，2013：102.

② 史际春，肖竹．论分权、法治的宏观调控［J］．中国法学，2006（4）：158-168.

③ 史际春．经济法［M］．北京：中国人民大学出版社，2008：1，5.

于其章程、成员的共同利益和公益为目的的“社团诉讼”或者“团体诉讼”等诉讼机制。

关于公益诉讼，现行《民事诉讼法》第五十五条规定：对污染环境、侵害众多消费者合法权益等损害社会公共利益的行为，法律规定的机关和有关组织可以向人民法院提起诉讼。而《民诉解释》第二百八十四条规定：环境保护法、消费者权益保护法等法律规定的机关和有关组织对污染环境、分割众多消费者合法权益等损害社会公共利益的行为，（可在符合一定的条件下）根据民事诉讼法第五十五条规定提起公益诉讼。《民事诉讼法》第五十五条同时还赋予人民检察院在“没有法律规定的机关和组织或者法律规定的机关和组织不提起诉讼”的情况下提起公益诉讼的诉讼主体地位。公益诉讼的诉讼主体明显扩大，可操作也更强。必要时，可尝试建立公民个人在特定情形下的“公益诉讼”启动权。①。

六、小结

为实现主体功能区规划法治化的目标，首先要明确政府的角色定位，软硬法分工与合作，限制与控制政府公权力的滥用与扩张；其次，要结合我国当前的政治体制及软硬法各自的优缺点，采取体制内外相结合的方式对主体功能区规划创制与实施进行监督；再次，如果主体功能区规划创制与实施主体特别是政府机关超载行为边界，违规甚至违法作为或不行为，就要启动法律责任追究机制，法律责任形式分为肯定式与否定式；最后，对于政府行为对公民已经造成的权益损害，对应于软硬法，可从非诉程序与诉讼程序这对“二元结构”入手，进行事后的法律救济。

---

① 香港东涌66岁的老太朱绮华曾就港珠澳大桥工程的环评报告申请司法复核，2010其通过申请法律援助入禀香港高等法院，4月18日下午，香港高等法院裁定香港环保署2009年完成的环保报告无效，直至2011年9月27日港珠澳大桥环评司法复核上诉案，上诉庭判决香港政府上诉成功。此为公民个人提起公益诉讼的典型案例。

总 结

鉴于主体功能区规划在我国国土开发的基础性、战略性和约束性地位，也鉴于主体功能区规划法治化的必要性，作为经济法学的研习者，本书试图从法学的研究方法和视角来研究主体功能区规划问题，推动主体功能区规划的顺利实施与主体功能区的最终形成。

本书基于软法理论、经济法学、行政法学、经济学、环境科学、公共政策学等相关知识的运用，摒弃用一揽子立法计划来解决主体功能区规划制度需求的老路，创造性地将主体功能区规划纳入“软法”的范畴，同时进一步将其纳入“经济法”的范畴，在经济法对经济领域公共治理的大环境下，以软硬法混合治理为视野，内在软法机制与外在硬法保障并重，构建主体功能区规划法治化制度体系。

在软法机制构建方面，本书从基础、保障、平衡、动力四个方面全面构建了主体功能区规划内在的软法机制。首先，指标体系的确立是主体功能区规划的基础与前提，在完备的指标体系的基础上，设立行政法意义上的裁量基准，为主体功能区规划的协调、平衡、考核、评价等其他软法机制夯实基础；其次，在多元主体治理的背景下，主体功能区规划中各主体利益的保证依赖于民主协商机制的充分实现，具体有：中央与地方之磋商、地方政府之合作、主体功能区规划与其他规划的衔接以及政府主导下的公众参与，此为保障；再次，为平衡各利益主体的利益，应加强利益补偿机制方面的制度供给，财政转移支付与市场机制的驱动是利益补偿的基本途径，此为平衡；最后，重新设计考核主体与客体、内容，纠正唯GDP的理念，构建新的考核指标体系，此为动力。

在硬法保障方面，借鉴国外经验，自宪法保障、基本法保障、特别法保障等几个方面构建较为完备的法律规范体系：可在宪法修正案中加入“主体功能区战略”相关条款；加快制定《国土空间开发法》，明确主体功能区规划的法律地位；加快《财政转移支付法》《区域合作法》《生态补偿法》等单行法的制定进程，考虑围绕“西部开发”“东北老工业基地”等制定相应的特别法与促进法。

因为软法之治、硬法之治各有优势与缺陷，单一的软法机制或硬法保障都不能满足主体功能区规划的法制需求，鉴于此，本书创造性地提出主体功能区规划的混合法治理模式。具体模式包括：一是软法奠定基础，硬法动态跟进；二是软硬法并举，各司其职。后者为主体功能区规划混合法治理模式的最主要表现。

作为落脚点，为达致主体功能区规划法治化的目标，需以软硬法混合治理模式明确配置各主体的权利义务、明确各责任主体的权责以及相应的责任追究制度、完善体制内外对政府主体的法律监督、完善公民权利受侵犯后的法律救济。以软硬法分工合作控制与限制政府公权力；体制内监督，以硬法为主、软法为辅，体制外监督，以软法为主、硬法为辅；法律责任形式分为肯定式责任和否定式责任，以彰显循法的有利结果和承担违法的不利的法律后果；除传统的（硬法）诉讼程序（如群体诉讼、公益诉讼等）之外，还可以加强协商、对话、信访、请愿和集会、静坐等非诉程序作为争议解决方式。

“法律作为一种调整社会关系的手段，实质上不过是一种以人的有限理性把握无限世界的方法。”① 硬法、软法，是客观存在的法律现象，传统意义上的硬法自不待言，就软法而言，其独特的“软”（就是不直接依靠国家法定强制力，不直接通过暴力的方式实现其约束力）的特性，使其在面对

---

① 吕忠梅，陈虹．经济法原论［M］．北京：法律出版社，2007：226.

越来越复杂的公共问题时，表现出旺盛的生命力和极强的作用。软法研究方兴未艾，软法研究富有挑战意味，将软法理论结合主体功能区规划进行研究在国内尚属首次，还存在诸多不够完善之处，相关的概念还需进一步挖掘，软硬法混合治理的法治化模式构想尚需不断改进，并在主体功能区规划实践中不断检验。

主要参考文献

一、著作类

[1] 安虎森．空间经济学原理［M］．北京：经济科学出版社，2005.

[2]［美］博曼．公共协商：多元主义、复杂性与民主［M］．黄相怀，译．北京：中央编译出版社，2006.

[3] 曹平，高桂林，侯佳儒．中国经济法基础理论新探索［M］．北京：中国法制出版社，2006.

[4] 陈振明．政策科学［M］．北京：中国人民大学出版社，1998.

[5] 陈宣庆，张可云．统筹区域发展的战略问题与政策研究［M］．北京：中国市场出版社，2007.

[6] 丁四保，王昱．区域生态补偿的基础理论与实践问题研究［M］．北京：科学出版社，2010.

[7] 杜黎明．主体功能区区划与建设［M］．重庆：重庆大学出版社，2007.

[8]［日］丹宗昭信，厚谷襄儿．现代经济法入门［M］．谢次昌，译．北京：群众出版社，1985.

[9] 黄佩华．中国：国家发展与地方财政［M］．北京：中信出版社，2003.

[10] 胡荣涛，张许颖，苏明吾，等．产业结构与地区利益分析［M］．北京：经济管理出版社，2001.

[11] 胡书东．经济发展中的中央与地方关系——中国财政制度变迁研究［M］．上海：上海三联书店，上海人民出版社，2001.

[12]［法］让一多米尼克·拉费，雅克·勒卡荣．混合经济［M］．宇泉，译．北京：商务印书馆，1995.

[13] 李昌麒，刘瑞复．经济法［M］．北京：法律出版社，2004.

[14] 李晓新．中国经济制度变迁的宪法基础［M］．合肥：安徽大学出版社，2011.

[15] 李煜兴．区域行政规划研究［M］．北京：法律出版社，2009.

[16]［美］罗伯特·达尔．论民主［M］．李柏光，译．北京：商务印书馆，1999.

[17] 刘小冰．软法原理与中国宪政［M］．南京：东南大学出版社，2010.

[18] 罗豪才，宋功德．软法亦法——公共治理呼唤软法之治［M］．北京：法律出版社，2009.

[19] 罗豪才．软法与公共治理［M］．北京：北京大学出版社，2006.

[20] 罗豪才．中国司法审查制度［M］．北京：北京大学出版社，1993.

[21] 梁剑兵，张新华．软法的一般原理［M］．北京：法律出版社，2012.

[22] 蒋安．经济法理论研究新视点［M］．北京：中国检察出版社，2002.

[23] 姜德波．地区本位论［M］．北京：人民出版社，2004.

[24] 姜明安．行政法论丛［M］．北京：法律出版社，2008.

[25]［法］卢梭．社会契约论［M］．何兆武，译．北京：商务印书馆，2002.

[26] 柳新元．利益冲突与制度变迁［M］．武汉：武汉大学出版社，2001.

[27] 吕忠梅，陈虹．经济法原论［M］．北京：法律出版社，2007.

[28] 马克思，恩格斯．马克思恩格斯全集（第一卷）［M］．北京：人民

出版社，1956.

[29] 马怀德．法制现代化与法治政府［M］．北京：知识产权出版社，2010.

[30] 漆多俊，冯果．经济法学（第三版）［M］．武汉：武汉大学出版社，2011.

[31] 强昌文．权利的伦理基础［M］．合肥：安徽人民出版社，2009.

[32] 清华大学中国发展规划研究中心课题组．中国主体功能区政策研究［M］．北京：经济科学出版社，2009.

[33] 史际春，邓峰．经济法总论［M］．北京：法律出版社，2008.

[34] 史际春．经济法［M］．北京：中国人民大学出版社，2005.

[35] 苏力：法治及其本土资源（修订版）［M］．北京：中国政法大学出版社，2004.

[36] 孙浩康．中国区域政策法制化研究［M］．北京：华夏出版社，2013.

[37]［美］E·博登海默．法理学：法律哲学与法律方法［M］．邓正来，译．北京：科学出版社，2004.

[38]［意］托马斯·阿奎那．阿奎那政治著作选［M］．马清槐，译．北京：商务印书馆，1997.

[39] 王全兴．经济法基础理论专题研究［M］．北京：中国检察出版社，2002.

[40] 王铁崖．国际法［M］．北京：法律出版社，1995.

[41] 王青斌．行政规划法治化研究［M］．北京：人民出版社，2010.

[42] 文正邦，付子堂．区域法治建构论：西部法治研究［M］．北京：法律出版社，2006.

[43] 武少俊．国家发展计划概论［M］．北京：中国人民大学出版社，1999.

[44] 吴强．政府行为与区域经济协调发展［M］．北京：经济科学出版社，2006.

［45］肖江平．中国经济法学史研究［M］．北京：人民法院出版社，2002.

［46］徐孟洲．经济法学原理与案例教程［M］．北京：中国人民大学出版社，2006.

［47］［古希腊］亚里士多德．政治学［M］．吴寿彭，译．北京：商务印书馆，1965.

［48］杨伟民．发展规划的理论和实践［M］．北京：清华大学出版社，2010.

［49］杨紫煊．经济法［M］．北京：北京大学出版社，高等教育出版社，1999.

［50］杨建顺．行政规制与权利保障［M］．北京：中国人民大学出版社，2007.

二、论文类

［1］安筱鹏．利益主体多元化背景下的区域经济一体化［J］．人文地理，2003，18（5）：61-64.

［2］安树伟，吉新峰，王思薇．主体功能区建设中区域利益的协调机制与实现途径研究［J］．甘肃社会科学，2010（2）：85-87.

［3］白燕清．主体功能区管理环境法问题研究［D］．太原：山西大学，2011.

［4］毕雁英．社会公法中的软法责任——一种软法及其责任形式的研究［C］//罗豪才．软法与公共治理．北京：北京大学出版社，2006：265.

［5］蔡玲．德国区域援助政策对我国实施西部大开发战略的启示［J］．财政研究，2000（8）：20-22.

［6］陈秀山，张若．主体功能区从构想走向操作［J］．决策，2006（12）：10-11.

［7］程迈．软法概念的构造与功能［C］//罗豪才．软法的理论与实践．北京：北京大学出版社，2010：25-26.

[8] 陈瑞莲．欧盟国家的区域协调发展：经验与启示［J］．政治学研究，2006（3）：118-128.

[9] 陈国川，杨成，尹明．我国国民经济和社会发展规划纲要的法律地位研究［J］．北方经济，2003（1）：42-43.

[10] 程信和．硬法、软法与经济法［J］．甘肃社会科学，2007（4）：219-226.

[11] 程信和．软法真谛论纲——主要以经济领域为视角［C］//中山大学法学理论与法律实践研究中心．中山大学法律评论（第7辑）．北京：法律出版社，2009：89.

[12] 程信和．公共管理视角下的现代经济法［C］//公共管理与经济法治学术丛书总序．北京：人民法院出版社，2005.

[13] 成为杰．主体功能区规划"落地"问题研究——基于19个省级规划的分析［J］．国家行政学院学报，2014（1）：51-58.

[14] 丁四保．中国主体功能区划面临的基础理论问题［J］．地理科学，2009，29（4）：587-592.

[15] 邓小梅．经济领域中的软法规律性初探［J］．武汉大学学报（哲学社会科学版），2011（6）：104-108.

[16] 邓玲，杜黎明．功能区建设的区域协调功能研究［J］．经济学家，2006（4）：60-64.

[17] 朵兰娜，梁鸽，娜日苏．主体功能区建设生态补偿研究进展评述［J］．北方经济，2011（22）：6-8.

[18] 方忠权．主体功能区建设面临的问题及调整思路［J］．地域研究与开发，2008（6）：29-33.

[19] 方剑．我国经济软法机制初探［J］．中外企业家，2011（18）：143-145.

[20] 范利平．区域合作中的政府协议［C］//区域经济一体化与权益保障研究．北京：人民法院出版社，2007：84-88.

[21] 樊杰．解析我国区域协调发展的制约因素、探究全国主体功能区规

划的重要作用［J］．中国科学院院刊，2007，22（3）：194-201.

［22］傅前瞻，余茂辉．推进主体功能区建设必须正确认识和处理的若干关系［J］．经济问题探索，2010（3）：21-24.

［23］高国力．美国区域和城市规划及管理的做法和对我国开展主体功能区划的启示［J］．中国发展观察，2006（11）：52-54.

［24］郭万清．高铁时代的泛长三角区域城市协调发展［J］．江淮论坛，2011（1）：13-17.

［25］国家发展改革委宏观经济研究院国土地区研究所课题组．我国主体功能区划分及其分类政策初步研究［J］．宏观经济研究，2007（4）：3-10.

［26］龚霄侠．推进主体功能区形成的区域补偿政策研究［J］．兰州大学学报（社会科学版），2009，37（4）：72-76.

［27］顾朝林，张晓明，刘晋媛，等．盐城开发空间区划及其思考［J］．地理学报，2007，62（8）：787-798.

［28］郝大江．主体功能区宏观调控机制与制度设计——以黑龙江省为例［J］．黑龙江对外经贸，2010（7）：7-10.

［29］杭海，张敏新，王超群．美、日、德三国区域协调发展的经验分析［J］．世界经济与政治论坛，2011（1）：147.

［30］华国庆．试论财政法视野下的我国区域合作［J］．安大法律评论，2009（2）：8-22.

［31］华国庆．安徽产业集中区若干法律问题研究［J］．华东经济管理，2012，26（3）：26-29.

［32］华国庆．论中国区域协调发展立法基本原则［J］．南京审计学院学报，2010，7（2）：6-12.

［33］贾若祥．实施主体功能区战略下的区域发展模式转变研究［J］．中国经贸导刊，2012（6）：57-58.

［34］姜明安．软法的兴起与软法之治［J］．中国法学，2006（2）：25-36.

［35］姜明安．公法研究的基本问题探析［C］//袁曙宏．公法学的分散与统一．北京：北京大学出版社，2007：195-199.

[36] 姜明安．完善软法机制，推进社会公共治理创新［J］．中国法学，2010（5）：16-24.

[37] 焦海涛．第二十届全国经济法理论研讨会综述［J］．法商研究，2012（3）：153-160.

[38] 焦海涛．论“促进型”经济法的运行机制［J］．东方法学，2011（5）：49-56.

[39] 焦海涛．非诉程序与经济法司法化［J］．法治研究，2011（5）：73-78.

[40] 李昌麒．论市场经济、政府干预和经济法之间的内在联系［C］//杨紫煊．经济法研究（第1卷）．北京：北京大学出版社，2000：79-80.

[41] 李东方．近代法律体系的局限性与经济法的生成［J］．现代法学，1999（4）：17.

[42] 李军，任旺兵．国家主体功能区规划实施的几个关键问题［J］．经济研究导刊，2011（27）：240-243.

[43] 李铭，方创琳，孙心亮．区域管治研究的国际进展与展望［J］．地理科学进展，2007，26（4）：107-120.

[44] 李鹏．推进主体功能区建设的政策建议［J］．经济研究参考，2008（54）：12-14.

[45] 李雯燕，米文宝．地域主体功能区划研究综述与分析［J］．经济地理，2008（3）：357-361.

[46] 李艳．欧盟基金支持欠发达地区发展的经验与启示［J］．经济问题探索，2009（1）：173-177.

[47] 李振京，冯冰，郭冠南．主体功能区建设的制度保障调研与建议［J］．宏观经济管理，2007（5）：39-43.

[48] 李煜兴．我国区域规划法治化的途径与机制研究［J］．河北法学，2009（10）：73-76.

[49] 雷雪．我国主体功能区生态补偿法律问题研究［D］．兰州：西北民族大学，2011.

[50] 梁红梅，李玉萍．推进主体功能区建设的财政补偿政策研究——以青海为例［J］．青海社会科学，2010（1）：18-23.

[51] 林丽．新疆主体功能区建设的法律环境构建——基于环新疆经济圈视角［J］．石河子大学学报（哲学社会科学版），2009，23（6）：15-18.

[52] 刘剑文．中国财政转移支付立法探讨［J］．法学杂志，2005（5）：31-35.

[53] 罗豪才．人民政协与软法之治［J］．中国政协理论研究，2009（1）：10-12.

[54] 罗豪才．公法视角下和谐社会的构建［J］．中国发展，2005（1）：1-5.

[55] 吕中国，强昌文．经济领域软法研究述评［J］．西北农林科技大学学报（社会科学版），2013（2）：128-136.

[56] 吕中国，杨玉洁．网络民意的法理学思考［J］．法治论丛，2009（5）：9-14.

[57] 牟效波．软法在什么条件下靠得住？——从软法的实施切入［C］//罗豪才．软法与公共治理．北京：北京大学出版社，2006：236-237.

[58] 倪志龙．主体功能区建设中的财政转移支付法律制度研究［C］//李昌麒．经济法论坛．北京：群众出版社，2010：541-553.

[59] 牛文元，孙殿义．国家主体功能区的核心设计：构筑三条国家基础安全保障线［J］．中国软科学，2008（7）：1-5.

[60] 潘弘祥．公共政府、法治政府与和谐社会［C］//何家寿．法学前沿（武汉法学文集2006年卷）．武汉：武汉大学出版社，2007：47.

[61] 彭澎．中国问题区域识别的意义及其构想［J］．经济问题探索，2009（4）：7-13.

[62] 强昌文．以契约精神引领区域合作制度的发展［J］．江淮论坛，2012（1）：119-124.

[63] 屈振辉．试论公共政策法律化的限度［J］．兰州商学院学报，2007（6）：112-115.

[64] 曲卫东. 联邦德国空间规划研究 [J]. 中国土地科学, 2004 (2): 58-64.

[65] 司俊, 孙德才. 借鉴德国区域援助政策 积极实施西部开发战略 [J]. 内蒙古财会, 2001 (8): 6-8.

[66] 石风光, 李宗植. 美国、日本区域协调发展政策实践及启示 [J]. 国际问题研究, 2008 (5): 28-33.

[67] 孙久文, 彭薇. 主体功能区建设研究述评 [J]. 中共中央党校学报, 2007 (6): 67-70.

[68] 史际春, 肖竹. 论分权、法治的宏观调控 [J]. 中国法学, 2006 (4): 158-168.

[69] 史际春, 宋彪. 规划、监管与中国经济法 [J]. 法学家, 2007 (1): 67-72.

[70] 史际春. 论规划的法治化 [J]. 兰州大学学报 (社会科学版), 2006, 34 (4): 1-8.

[71] 宋心然. 软法实施模式及其效果研究 [J]. 河北学刊, 2011, 31 (2): 252-255.

[72] 孙红玲. "3+4": 三大块区域协调互动机制与四类主体功能区的形成 [J]. 中国工业经济, 2008 (10): 12-21.

[73] 王利, 韩增林, 王泽宇. 基于主体功能区规划的"三规"协调设想 [J]. 经济地理, 2008 (5): 845-848.

[74] 王敏, 熊丽君, 黄沈发. 上海市主体功能区划分技术方法研究 [J]. 环境科学研究, 2008, 24 (4): 205-209.

[75] 王晓萍. 关于市县功能区规划编制工作的几点思考 [J]. 宏观经济管理, 2008 (7): 68-70.

[76] 王先林. 产业政策法初论 [J]. 中国法学, 2003 (3): 112-118.

[77] 汪劲柏, 赵民. 论建构统一的国土及城乡空间管理框架 [J]. 城市规划, 2008 (12): 40-48.

[78] 汪习根. 论人本法律观的科学含义——发展权层面的反思 [J]. 政

治与法律，2007（3）：64–71.

［79］危旭芳．主体功能区构建与制度创新：国外典型经验及启示［J］．生态经济，2012（3）：67–72.

［80］魏后凯．对推进形成主体功能区的冷思考［J］．中国发展观察，2007（3）：28–32.

［81］魏后凯，邬晓霞．“十二五”时期中国区域政策的基本框架［J］．经济与管理研究，2010（12）：30–48.

［82］魏清沂．软法：形式软法与实质软法［J］．广西大学学报（哲学社会科学版），2012（3）：92–96.

［83］吴殿廷，吴铮争．主体功能区规划实施中若干问题的探讨［J］．人民论坛，2011（24）：116–117.

［84］吴昕栋．软法与权力控制——软法在权力控制中的必要性和有效性分析［C］//罗豪才．软法的理论与实践．北京：北京大学出版社，2010：65–75.

［85］吴箐，汪金武．主体功能区划的研究现状与思考［J］．热带地理，2009（6）：532–538.

［86］谢惠芳，向俊波．面向公共政策制定的区域规划——国外区域规划的编制对我们的启示［J］．经济地理，2005，25（5）：604–606.

［87］徐孟洲．论区域经济法的理论基础与制度构建［J］．政治与法律，2007（4）：2–9.

［88］徐孟洲．论经济法与宏观调控［C］//李昌麒．中国经济法治的反思与前瞻．北京：法律出版社，2001：42.

［89］薛克鹏．《十一五》规划的经济法解读［J］．法学杂志，2007（1）：61–64.

［90］薛克鹏．论计划法的终结［J］．社会科学研究，2007（3）：62–66.

［91］晏敬东，阎炳珠．美、德两国区域经济发展政策的比较及启示［J］．中南财经大学学报，2000（3）：35–38.

［92］颜运秋，范爽．法理学视野下的中国经济规划［J］．法治研究，

2010（3）：12-20.

[93] 阳建勋．基本公共服务均等化之经济法路径［J］．法学，2008（5）：117-126.

[94] 杨三正，罗浏虎．宏观调控权现状评析及构建理念［J］．西部法学评论，2010（3）：89-93.

[95] 杨丙红，刘新跃．我国区域规划的法律问题研究［J］．学术界，2011（7）：104-109.

[96] 杨瑞霞，张莉，闫丽洁，等．省级主体功能区规划支持系统研究［J］．地域研究与开发，2009（1）：22-26.

[97] 叶必丰．我国区域经济一体化背景下的行政协议［J］．法学研究，2006（2）：57-69.

[98] 张睿．软法与公共政策［C］//罗豪才．软法的理论与实践．北京：北京大学出版社，2010：150-156.

[99] 曾培炎．推进形成主体功能区，促进区域协调发展［J］．求是．2008（2）：15-18.

[100] 吕中国．安徽推进主体功能区建设的财政政策［J］．安庆师范学院学报（社会科学版），2012（1）：78-82.

三、论文集、报纸及其他

[1] 车文辉．准确把握主体功能区建设中的“五大关系”［N］．光明日报，2011-10-12（11）．

[2] 陈默．发改委宏观院报告：四大主体功能区初定［N］．21 世纪经济报道，2007-02-01（5）．

[3] 何凤秋．落实《全国主体功能区规划》，构建科学绩效评估体系［N］．中国纪检监察报，2011-06-24.

[4] 李曙光．用法治精神规划“十一五”［N］．南方周末，2006-02-16.

[5] 史际春．关于我国的竞争政策：法和政策分析［N］．国际商报，2009-10-13.

［6］童海华．展望2012区域经济发展：主体功能区推进不容乐观［N］．中国经营报，2011-12-24.

［7］童海华．让主体功能区有法律效力——访中国区域经济学会秘书长陈耀［N］．中国经济导报，2010-7-27（A02）．

［8］熊志强．主体功能区规划重在执行［N］．中国国土资源报，2012-06-28.

［9］许正中．中国主体功能区规划能否为万世开太平［N］．华夏时报，2011-07-30.

四、英文文献

［1］Francis Snyder. Soft Law and Institutional Practice in the European Community［C］//Steve Martin，The Construction of Europe：Essays in Honor of Emile Noel，Kluwer Academic Publishers.

［2］G. M. Borchardt，K. Wellens. Soft Law in European Community Law［J］. European Law Review，1989，14（5）．

［3］Newman. Changing Patterns of Regional Governance in the EU［J］. Urban Studies，1998，37（6）．

［4］Dinah Shelton. Commitment and Compliance：The Role of Non-Binding Norms in the International Legal System［J］．American Journal of International Law，2003，95（3）．

［5］Jennifer M. Brinkerhoff. Government-Nonprofit Partnership：A Defining Framework［J］．Public Administration and Development，2002（22）．

［6］Kremen，C. Managing Ecosystem Services：What Do We Need to Know About Their Ecology?［J］．Ecology Letters，2005（8）．

［7］Myrdal，G. Economic Theory and Underdeveloped Regions［M］. London：Harper & Row，1957.

［8］Ulrika Mörth. Soft Law in Governance and Regulation：An Interdisci-plinary Analysis［M］．Massachusetts：Edward Elgar Publishing，2004.

后　　记

本书是我在安大攻读博士学位期间的研究成果。沿法学之旅一路走来，我在安徽大学法学院这个“大熔炉”里历经磨炼，自感无论在学识水平、学术素养，还是在观察问题、思考问题的深度与广度方面，较之以前都有长足的进步。如今，本书即将付梓，几年间的诸多酸甜苦辣涌上心头，而诸多情愫终凝聚成两个字——“感谢”！

首先要感谢我的导师强昌文教授，自合工大读研期间，我就经常到安大法学院“蹭课”，追随强老师研习法理学，经过不懈努力，我终有机会投入强老师门下，成为他的第一位博士生。四年间，强老师的为人、为学、为师都让我受益颇多。尽管他工作繁忙，但总会抽出时间与学生交流，分享他的“灵感”，点拨学生的大小论文选题、行文，督促学生完成学业。在我撰写本书的近两年时间内，强老师耗费了大量的心血，无论是题目的选取、资料的收集与整理、研究方法的选择、布局谋篇、语句的推敲以及格式的校正方面，都给予了我精心的指导。

我要感谢安徽大学法学院以及安徽大学经济法制中心强大的团队成员，他们是王源扩教授、华国庆教授、徐淑萍教授、程雁雷教授、周少元教授、陈宏光教授、李明发教授、张宇润教授、汪金兰教授、李坤刚教授、胡晓宏教授、李胜利教授、汪莉教授、王圣扬教授、张晶教授、储育明教授、陈结淼教授等，感谢他们在课堂教学中对我学术上的滋养，感谢他们对我的批评与点拨；同时我要感谢法学院的“新锐力量”——朱庆博士、毕金平博士、焦海涛博士、李晓新博士等老师，他们取得的卓越成果对我这样一个学术上的“后来者”而言，示范效应与鞭策作用显著。这些将是我受用一生的财富！

我要感谢一同攻读博士学位的2010级其他博士生：戴传利博士、张运书博士、李青博士、周新生博士、吕清正博士、杨丙红博士、里玛达博士（老挝籍）。感谢他们给予我的学习、生活上的关照、支持与关心，同学间“煮酒论英雄”式的辩论与讨论给予了我撰写本书的灵感与丰富的素材；同时也要感谢王杨等2011级博士生默默为我们所做的信息传递工作。

我要感谢安徽交通职业技术学院领导及同事对我读博的支持，特别是读博第一年，我的领导为我在职攻读博士开通“绿灯”，我的同事们义务承担部分本应由我做的工作，我只能更加努力地工作以表达内心的感动。

最后我要感谢我的家人，感谢我的妻儿、父母、岳父母，感谢我家里的“永远的反对党”——我的妻子杨玉洁女士常作为我论文首位读者而对我的批判、与我进行学业上的探讨以及完成自身工作之余对我生活上的照顾；日渐淘气又日渐懂事的“我家的小怪物”吕博杨小朋友是我不断前行的动力；特别要感谢我的岳母，她在我们小家庭最需要人手的时候无私地帮助了我们，承担了照看孩子和操劳家务的重担。可以说，没有岳母岳父的帮助，我在职攻读博士学位、完成学业，获取学术成果是难以想象的！总之，亲人们的期待眼神，是我不断进取的勇气与力量。

知恩须感恩，感恩不言谢！读博往事一幕幕，作为一个“非法学科班出身”的“后来者”，此时，所有的艰辛如今都变成了值得珍藏的回忆。在学术的路上，我还是一个姗姗学步的孩童，但即使迷茫我也会睁大双眼，永远做一个追赶者。

我，仍然在路上！

图书在版编目(CIP)数据

中国主体功能区规划之法律问题研究:软硬法混合治理视野/吕中国著.
—合肥:合肥工业大学出版社,2018. 8
ISBN 978-7-5650-4105-1

Ⅰ. ①中… Ⅱ. ①吕… Ⅲ. ①区域规划—经济管理—经济法—研究—中国
Ⅳ. ①D922. 297. 4

中国版本图书馆 CIP 数据核字(2018)第 196320 号

中国主体功能区规划之法律问题研究
——软硬法混合治理视野

吕中国 著　　　　责任编辑 王钱超

出　版	合肥工业大学出版社	版　次	2018 年 8 月第 1 版
地　址	合肥市屯溪路 193 号	印　次	2018 年 11 月第 1 次印刷
邮　编	230009	开　本	710 毫米×1010 毫米　1/16
电　话	人文编辑部:0551-62903915	印　张	10. 75
	市场营销部:0551-62903198	字　数	160 千字
网　址	www. hfutpress. com. cn	印　刷	安徽昶颉包装印务有限责任公司
E-mail	hfutpress@163. com	发　行	全国新华书店

ISBN 978-7-5650-4105-1　　　　定价:39. 00 元

如果有影响阅读的印装质量问题,请与出版社市场营销部联系调换。